经济法实训教程：
法条链接、热点案例、实务操作

JINGJIFA SHIXUN JIAOCHENG

主 编 刘高勇 黄 丽
副主编 陈乃哲

中山大学出版社
SUN YAT-SEN UNIVERSITY PRESS
·广州·

版权所有　翻印必究

图书在版编目（CIP）数据

经济法实训教程：法条链接、热点案例、实务操作/刘高勇，黄丽主编；陈乃哲副主编．—广州：中山大学出版社，2018.6
ISBN 978 - 7 - 306 - 06333 - 5

Ⅰ．①经… Ⅱ．①刘… ②黄… ③陈… Ⅲ．①经济法—中国—教材 Ⅳ．①D922.29

中国版本图书馆 CIP 数据核字（2018）第 083709 号

出 版 人：	王天琪
策划编辑：	金继伟
责任编辑：	周　玢
封面设计：	曾　斌
责任校对：	王　璞
责任技编：	何雅涛
出版发行：	中山大学出版社
电　　话：	编辑部 020 - 84110771，84113349，84111997，84110779
	发行部 020 - 84111998，84111981，84111160
地　　址：	广州市新港西路 135 号
邮　　编：	510275　　传　真：020 - 84036565
网　　址：	http://www.zsup.com.cn　　E-mail：zdcbs@mail.sysu.edu.cn
印 刷 者：	虎彩印艺股份有限公司
规　　格：	787mm×1092mm　1/16　11.5 印张　228 千字
版次印次：	2018 年 6 月第 1 版　2018 年 6 月第 1 次印刷
定　　价：	45.00 元

如发现本书因印装质量影响阅读，请与出版社发行部联系调换

编写说明

对法学类专业及经济管理类专业学生来说，经济法涵盖的领域比较广泛，知识点多，学习者在学习中往往抓不住重点，在实务中遇到相关问题也不知从何下手进行分析。这既不利于学习者掌握基本的法律知识，更不利于学习者法律思维的养成。因此，我们邀请了高校长期从事民法、经济法教学的教师以及具有丰富实践经验的律师共同编写了这本小书。

本书以经济法相关核心法律法规为中心，以案例示范、法条链接为基本编著方式，能帮助学生更好地学习经济法相关内容。同时，本书习题均是从历年国家统一司法考试、初级经济师、中级经济师、会计师、税务师考题中精选而来，这是目前市场上独一无二的。在法治经济时代，法学专业学生通过国家司法考试后，常和经济管理类学生一样参加初级经济师和初级会计师考试，而经济法是这类考试的必考科目，这本书的面市将有助于学生顺利通过考试。

本书内容共八章，每章基本包括实训目标、实训要求、主要知识点、相关知识点法条链接与案例分析、习题、热点案例分析、实务操作等内容。本书涵盖了经济法学科最新动态、最新的法律规定，注重实践性、应用性，案例贴近知识点，并有热点案例分析，实务训练，有利于培养学生综合分析问题和解决问题的能力。

本书由韩山师范学院刘高勇副教授、黄丽讲师担任主编，陈乃哲（重庆理工大学副教授）担任副主编。刘高勇、黄丽负责本书大纲的拟定及全书统稿。具体编写分工为：刘高勇编写第一章、第四章及第一章至第四章习题，陈乃哲编写第二章、第三章，黄丽编写第五章、第八章及第五章至第八章习题，陈健涛（广东祥源律师事务所主任律师）编写第六章，陈健涛、蔡栩纯编写第七章，林洁筠、陈庆城负责本书的校对工作。

本书出现的法律及司法解释名称缩略语

一、法律	
《中华人民共和国民法总则》	《民法总则》
《中华人民共和国著作权法》	《著作权法》
《中华人民共和国民法通则》	《民法通则》
《中华人民共和国海商法》	《海商法》
《中华人民共和国专利法》	《专利法》
《中华人民共和国国家赔偿法》	《国家赔偿法》
《中华人民共和国产品质量法》	《产品质量法》
《中华人民共和国环境保护法》	《环境保护法》
《中华人民共和国铁路法》	《铁路法》
《中华人民共和国公司法》	《公司法》
《中华人民共和国个人独资企业法》	《个人独资企业法》
《中华人民共和国合伙企业法》	《合伙企业法》
《中华人民共和国中外合作经营企业法》	《中外合作经营企业法》
《中华人民共和国物权法》	《物权法》
《中华人民共和国合同法》	《合同法》
《中华人民共和国消费者权益保护法》	《消费者权益保护法》
《中华人民共和国担保法》	《担保法》
《中华人民共和国证券法》	《证券法》
《中华人民共和国反垄断法》	《反垄断法》
《中华人民共和国反不正当竞争法》	《反不正当竞争法》
《中华人民共和国产品质量法》	《产品质量法》
《中华人民共和国侵权责任法》	《侵权责任法》
《中华人民共和国广告法》	《广告法》

《中华人民共和国劳动合同法》	《劳动合同法》
《中华人民共和国民事诉讼法》	《民事诉讼法》

二、司法解释

《最高人民法院关于审理商标民事纠纷案件适用法律若干问题的解释》	《商标民事纠纷解释》
《最高人民法院关于贯彻执行〈中华人民共和国民法通则〉若干问题的意见（试行）》	《民法通则意见》
《最高人民法院关于适用〈中华人民共和国公司法〉若干问题的规定（三）》	《公司法解释（三）》
《最高人民法院关于审理商品房买卖合同纠纷案件适用法律若干问题的解释》	《商品房买卖合同纠纷解释》
《最高人民法院关于适用〈中华人民共和国合同法〉若干问题的解释（一）》	《合同法解释（一）》
《最高人民法院关于适用〈中华人民共和国合同法〉若干问题的解释（二）》	《合同法解释（二）》
《最高人民法院关于审理消费民事公益诉讼案件适用法律若干问题的解释》	《消费民事公益诉讼解释》
《最高人民法院关于审理劳动争议案件适用法律若干问题的解释（三）》	《劳动争议解释（三）》
《最高人民法院关于审理劳动争议案件适用法律若干问题的解释（四）》	《劳动争议解释（四）》

目　　录

第一章　经济法基本理论／1

第二章　企业法律制度／13

第三章　公司法／31

第四章　合同法／49

第五章　担保法／77

第六章　证券法／91

第七章　市场规制法律制度／113

　　第一节　反垄断法／113

　　第二节　反不正当竞争法／121

　　第三节　产品质量法／128

　　第四节　消费者权益保护法／133

　　第五节　广告法／143

第八章　劳动合同法律制度／149

主要参考文献／175

第一章 经济法基本理论

一、实训目标

掌握经济法基础理论,培养法律思维,为学习、运用各具体经济法律、法规打下基础。

二、实训要求

通过实训,重点掌握法人和代理制度,并在实践中能剖析经济法律关系的构成。

三、主要知识点法条链接

(一)民事权利能力、民事行为能力

【法条链接】——《民法总则》

第十七条　十八周岁以上的自然人为成年人。不满十八周岁的自然人为未成年人。

第十八条　成年人为完全民事行为能力人,可以独立实施民事法律行为。

十六周岁以上的未成年人,以自己的劳动收入为主要生活来源的,视为完全民事行为能力人。

第十九条　八周岁以上的未成年人为限制民事行为能力人,实施民事法律行为由其法定代理人代理或者经其法定代理人同意、追认,但是可以独立实施纯获利益的民事法律行为或者与其年龄、智力相适应的民事法律行为。

第二十条　不满八周岁的未成年人为无民事行为能力人,由其法定代理人代理实施民事法律行为。

第二十一条　不能辨认自己行为的成年人为无民事行为能力人，由其法定代理人代理实施民事法律行为。

八周岁以上的未成年人不能辨认自己行为的，适用前款规定。

第二十二条　不能完全辨认自己行为的成年人为限制民事行为能力人，实施民事法律行为由其法定代理人代理或者经其法定代理人同意、追认，但是可以独立实施纯获利益的民事法律行为或者与其智力、精神健康状况相适应的民事法律行为。

第二十三条　无民事行为能力人、限制民事行为能力人的监护人是其法定代理人。

第五十七条　法人是具有民事权利能力和民事行为能力，依法独立享有民事权利和承担民事义务的组织。

【案例】

刘峰在国家教育委员会（以下简称"教委"）组织的儿童绘画比赛中获得一等奖。教委下属的一家美术杂志社闻讯后即来信表示，他们将出一期儿童作品专刊，希望刘峰能寄来几幅作品供他们挑选。刘峰的父亲刘洪收信后给杂志社寄去了3幅作品，但之后一直没有回音。翌年6月，刘洪在该杂志社的期刊上发现有刘峰的2幅作品但没有给刘峰署名，便立即找到杂志社，质问为何不通知他作品已被选用，而且既不支付稿酬也不署名。然而，该杂志社称，刘峰年仅8岁，还是未成年人，还不能享有著作权，因此没必要署名；杂志社发表刘峰的作品是教委对其成绩的肯定，没有必要支付稿酬。

【问题】

（1）根据我国法律，刘峰是否有署名的权利和获得报酬的权利？

（2）杂志社发表刘峰作品的行为是否为教委对刘峰成绩的肯定？

【解答】

（1）《民法总则》第十三条规定："自然人从出生时起到死亡时止，具有民事权利能力，依法享有民事权利，承担民事义务。"第十四条规定："自然人的民事权利能力一律平等。"因此，无论是成年人还是未成年人，都平等地享有民事权利能力。著作权是一项民事权利，作品一经完成，无论是否发表，作者都对该作品享有有著作权，它包括作者署名权和获得报酬权。刘峰当然享有著作权，也当然享有署名权和获得报酬权的权利。

（2）该杂志社虽然为教委下属单位，但它是教委下属的一个具有独立法人资格的企业，不是教委的工作部门。《民法总则》第五十七条规定："法人是具有民事权利能力和民事行为能力，依法独立享有民事权利和承担民事义务的组织。"因而，杂志社在没有得到教委授权的情况下，其行为仅代表自己的意志，不能代表教委，它必须对自己行为的后果负责。杂志社与刘峰之间的关系是平等主体间的民事关系，适用平等自愿、等价有偿的原则，杂志社选用刘峰的作品，就应该依照我国《著作权法》为刘峰署名并支付报酬。

（二）代理的种类

（1）委托代理。

（2）法定代理。

（3）指定代理。

【法条链接】——《民法总则》

第一百六十九条　代理人需要转委托第三人代理的，应当取得被代理人的同意或者追认。

转委托代理经被代理人同意或者追认的，被代理人可以就代理事务直接指示转委托的第三人，代理人仅就第三人的选任以及对第三人的指示承担责任。

转委托代理未经被代理人同意或者追认的，代理人应当对转委托的第三人的行为承担责任，但是在紧急情况下代理人为了维护被代理人的利益需要转委托第三人代理的除外。

（三）表见代理

【案例】

甲、乙公司有长期的业务往来关系，李某系甲公司的一名采购员，一直负责与乙公司进行接洽并签订采购合同。2009年3月，乙公司交付的一批货物质量不合格，按照双方在合同中的事先约定，甲公司有权扣除20%的货款。但李某于2009年5月与甲公司签署了货款确认书（未加盖甲公司公章），其中并未扣款。不久，乙公司向甲公司出示该货款确认书，要求甲公司支付全部货款。甲公司以李某的行为超越了代理权限且确认书上未加盖公司印章为由拒绝清偿应扣除的货款。乙公司遂诉至法院，要求甲公司立即清偿全部债务。

【问题】

甲公司是否应向乙公司支付全部货款？

【分析】

本案争议焦点是李某在货物确认书上的签字行为是否能代表公司，是否具有合法效力。如果李某的签字能代表公司且具有合法效力，则甲公司依法应向乙公司支付全部货款；反之，则李某的签字行为不能代表公司，公司有权不予认可。

本案中，甲公司自称公司内部对李某的签字效力及范围有限制，但并不能出示证据证明已将此限制告知了乙公司，而且李某担任甲公司的采购员，一直代表甲公司与乙公司进行业务往来，乙公司有理由相信李某就货款确认一事享有签字确认的权利，其签字行为可代表甲公司。因此，最终法院判决李某在货款确认书上签字的行为代表了甲公司，合法有效，甲公司应承担该签字行为所产生的法律后果，甲公司应向乙公司支付全部货款。

李某的上述行为在法律上被称为表见代理，所谓表见代理是指没有代理权、超越代理权或者代理权终止后的无权代理人，利用足以使第三人相信其有代理权的凭证，以被代理人名义进行的代理行为，同时该凭证的使用必须是被代理人存在管理过错导致。表见代理效力为我国法律所认可，它的意义在于维护交易的安全，保护善意第三人的合法权益。对于表见代理，法律规定其后果均应由"本人"承担——本人是指真正的有权主体，如公章上的刻名单位、签发授权书的授权人等。

因此，在经营活动中，企业应严格规范授权委托书的签发，出具时应明确授权的具体事项、授权的权限、时间期限等内容；在授权期限届满或提前取消授权时，企业应当及时通知相关的客户；企业还应建立严密的公章、合同等企业专属物品保管机制，防范恶意代理的发生。同时，与合同相对人进行交易前亦应当做一些必要的调查，要审查对方人员有无代理权，以及如有代理权，其代理权限和期限如何等基本内容，以免招致法律纠纷。

(四) 诉讼时效

（1）普通诉讼时效期间。
（2）特别诉讼时效期间。
（3）最长诉讼时效期间。

【法条链接】

《民法总则》第一百八十八条　向人民法院请求保护民事权利的诉讼时效期间为三年。法律另有规定的，依照其规定。

诉讼时效期间自权利人知道或者应当知道权利受到损害以及义务人之日起计算。法律另有规定的，依照其规定。但是自权利受到损害之日起超过二十年的，人民法院不予保护；有特殊情况的，人民法院可以根据权利人的申请决定延长。

《民法通则》第一百三十六条　下列的诉讼时效期间为一年：

（一）身体受到伤害要求赔偿的；

（二）出售质量不合格的商品未声明的；

（三）延付或者拒付租金的；

（四）寄存财物被丢失或者损毁的。

《海商法》第二百五十七条第一款　就海上货物运输向承运人要求赔偿的请求权，时效期间为一年，自承运人交付或者应当交付货物之日起计算；在时效期间内或者时效期间届满后，被认定为负有责任的人向第三人提起追偿请求的，时效期间为九十日，自追偿请求人解决原赔偿请求之日起或者收到受理对其本人提起诉讼的法院的起诉状副本之日起计算。

《海商法》第二百五十八条　就海上旅客运输向承运人要求赔偿的请求权，时效期间为二年，分别依照下列规定计算：

（一）有关旅客人身伤害的请求权，自旅客离船或者应当离船之日起计算；

（二）有关旅客死亡的请求权，发生在运送期间的，自旅客应当离船之日起计算；因运送期间内的伤害而导致旅客离船后死亡的，自旅客死亡之日起计算，但是此期限自离船之日起不得超过三年；

（三）有关行李灭失或者损坏的请求权，自旅客离船或者应当离船之日起计算。

《专利法》第六十二条　侵犯专利权的诉讼时效为二年，自专利权人或者利害关系人得知或者应当得知侵权行为之日起计算。

《商标民事纠纷解释》第十八条　侵犯注册商标专用权的诉讼时效为二年，自商标注册人或者利害权利人知道或者应当知道侵权行为之日起计算。商标注册人或者利害关系人超过二年起诉的,如果侵权行为在起诉时仍在持续,在该注册商标专用权有效期限内,人民法院应当判决被告停止侵权行为,侵权损害赔偿数额应当自权利人向人民法院起诉之日起向前推算二年计算。

《国家赔偿法》第三十二条第一款　赔偿请求人请求国家赔偿的时效为两年,自国家机关及其工作人员行使职权时的行为被依法确认为违法之日起计算,但被羁押期间不计算在内。

《产品质量法》第四十五条　因产品存在缺陷造成损害要求赔偿的诉讼时效期间为二年,自当事人知道或者应当知道其权益受到损害时起计算。

《环境保护法》第四十二条　因环境污染损害赔偿提起诉讼的时效期间为三年,从当事人知道或者应当知道受到污染损害时起计算。

【案例】

2003年10月8日下午14时许,原告邓龙新在被告西安铁路局所属的阳平关火车站被一列货物列车压伤左下肢。事故发生后,阳平关车站立即将原告邓龙新送到略阳铁路医院住院治疗,医院对邓龙新左腿进行高位截肢。

原告邓龙新认为,出院伤愈后因参与破坏电力设备,被判刑3年6个月,2007年8月1日刑满释放,尚未来得及行使赔偿诉权;原告现已终生残疾,家中还有60岁的老母亲和3岁的幼儿,生活困难;被告仅支付了原告邓龙新住院期间的医疗费,对原告邓龙新没有任何赔偿。根据《民法通则》第一百一十九条及相关法律之规定,请求法院依法调解或判决被告西安铁路局赔偿原告邓龙新医疗费、误工费、护理费、交通费、住宿费、住院伙食补助费、伤残补助费、伤残鉴定费、残疾辅助器安装假肢费、精神损害赔偿金共计144144.78元。被告西安铁路局认为事故的发生完全是因原告邓龙新违反了《铁路法》和国发〔79〕178号文件规定,私自扒乘21018次货物列车,并在跳车时造成伤亡事故的,其对此应承担全部责任。同时,原告邓龙新起诉已超过诉讼时效,故请求法院依法驳回原告邓龙新的诉讼请求。

【案例分析】

本案是一起典型的铁路人身损害赔偿纠纷案件。案件的争议焦点为:本案原告邓龙新起诉是否超过诉讼时效?

首先,根据《民法通则》第一百三十六条第(一)项规定,身体受到伤害要求赔偿的诉讼时效期间为一年。同时,《民法通则意见》第 168 条对《民法通则》第一百三十六条的"身体受到伤害"做出了限定,即人身损害赔偿的诉讼时效期间,伤害明显的,从受伤害之日起算;伤害当时未曾发现,后经检查确诊并能证明是由侵害引起的,从伤势确诊之日起算。本案中,原告邓龙新在 2003 年 10 月 8 日被货物列车轧断左腿的当天就知道自己的身体受到伤害,因此,本案的诉讼时效应当从 2003 年 10 月 8 日起计算一年。

其次,根据《民法通则》第一百三十七条的规定,诉讼时效期间从知道或者应当知道权利被侵害时起计算。但是,从权利被侵害之日起超过 20 年的,人民法院不予保护。有特殊情况的,人民法院可以延长诉讼时效期间。《民法通则意见》第 169 条对"特殊情况"做出了限定,即权利人由于客观的障碍在法定诉讼时效期间不能行使请求权的,属于《民法通则》第一百三十七条规定的"特殊情况"。《民法总则》第一百八十八条第二款规定的"特殊情况"也适用于上述情形。本案中,原告邓龙新因犯罪入狱,根据法律规定,服刑人员即使在监狱里服刑,法律同样赋予其民事权利,原告邓龙新犯罪入狱不属于客观障碍,不属于特殊情况,不能适用诉讼时效的延长。

最后,根据《民法总则》第一百九十四条的规定,在诉讼时效期间的最后 6 个月内,因不可抗力或者其他障碍不能行使请求权的,诉讼时效中止。本案中,原告邓龙新不存在"不可抗力"导致无法起诉的情形。而根据《民法通则意见》第 172 条,在诉讼时效期间的最后 6 个月内,权利被侵害的无民事行为能力人、限制民事行为能力人没有法定代理人,或者法定代理人死亡、丧失代理权,或者法定代理人本人丧失行为能力的,可以认定为因其他障碍不能行使请求权,适用诉讼时效中止。本案中,原告邓龙新是一个完全民事行为能力人,不存在"其他障碍"不能行使请求权的情形。《民法通则意见》第 174 条规定,权利人向人民调解委员会或者有关单位提出保护民事权利的请求,从提出请求时起,诉讼时效中断。这是诉讼时效中断的另外一种情形。本案中,原告邓龙新在服刑期间,既没有向人民调解委员会提出请求,也没有向有关单位提出请求,更没有向法院提起诉讼,原告邓龙新犯罪入狱不是诉讼时效中止、中断的情形,邓龙新因犯罪入狱不适用法律规定的诉讼时效中止、中断以及延长。

诉讼时效是指权利人在法定期间内怠于行使权利，而使其胜诉权归于消灭的时效。义务人可以合理运用诉讼时效保护自身权利，但可能导致权利人丧失法律对其原有权利的保护。因此，正确判断诉讼时效对人民法院审理相关案件意义重大。认定是否超出诉讼时效以及当事人提出的中止、中断事由能否成立，是司法实践中经常遇到的难题。而对于诉讼时效认定的问题，各地做法不一。

四、习题：不定项选择

1. 根据民事法律制度的规定，对始终不知道自己权利受侵害的当事人，其最长诉讼时效期间是（ ）。（2012年初级会计职称考试"经济法基础"）

   A. 2年   B. 5年   C. 20年   D. 30年

   【答案】C

2. 诉讼时效期间届满，权利人丧失的是（ ）。（2015年初级会计职称考试"经济法基础"）

   A. 上诉权   B. 申诉权   C. 胜诉权   D. 实体权

   【答案】C

   【解析】诉讼时效期间届满，权利人丧失"胜诉权"，但实体权利、起诉权（上诉权、申诉权）并不灭失。

3. 王某租赁张某一套住房，租赁期间为2009年1月1日至12月31日，约定2009年6月30日之前支付房租，但王某一直未付房租，张某也未催要。根据民事诉讼法律制度关于诉讼时效的规定，张某可以向法院提起诉讼，主张其民事权利的法定期间是（ ）。（2011年初级会计职称考试"经济法基础"）

   A. 2010年6月30日之前   B. 2010年12月31日之前
   C. 2011年6月30日之前   D. 2011年12月31日之前

   【答案】A

   【解析】延付或者拒付租金适用1年的诉讼时效期间，自知道或者应当知道权利被侵害时起计算；在本题中，租金到期日为2009年6月30日，王某一直未房租，张某也未催要（无中断事由），诉讼时效期间为自2009年6月30日至2010年6月30日。

4. 根据民事诉讼法律制度的规定，当事人不服人民法院第一审判决的，有权在判决书送达之日起一定期间内向上一级人民法院提起上诉。该期间是（　　）。（2013年初级会计职称考试"经济法基础"）

A. 5日　　　　B. 10日　　　　C. 15日　　　　D. 30日

【答案】C

【解析】当事人不服法院第一审判决的，有权在判决书送达之日起15日内向上一级法院提起上诉。

5. 根据民事诉讼法律制度的规定，下列各项中，不属于可导致诉讼时效中断的情形是（　　）。（2014年初级会计职称考试"经济法基础"）

A. 当事人提起诉讼

B. 当事人一方提出要求

C. 当事人同意履行义务

D. 发生不可抗力致使权利人不能行使请求权

【答案】D

6. 下列关于除斥期间的说法中，正确的是（　　）。（2011年注册会计师全国统一考试"经济法"）

A. 除斥期间届满，实体权利并不消灭

B. 除斥期间为可变期间

C. 撤销权可适用除斥期间

D. 如果当事人未主张除斥期间届满，人民法院不得主动审查

【答案】C

7. 下列情形中，属于有效法律行为的是（　　）。（2012年注册会计师全国统一考试"经济法"）

A. 限制行为能力人甲临终立下遗嘱："我死后，我的全部财产归大姐。"

B. 甲、乙双方约定，若乙将与甲有宿怨的丙殴伤，甲愿付乙酬金5000元

C. 甲因妻子病重，急需医药费，遂向乙筹款。乙提出，可按市场价买下甲的祖传清代青花瓷瓶，甲应允

D. 甲要求乙为其债务提供担保，乙拒绝。甲向乙出示了自己掌握的乙虚开增值税发票的证据，并以检举相要挟。乙被迫为甲出具了担保函

【答案】C

8. 小明今年3岁，智力正常，但先天腿部残疾。下列关于小明的权利能力和行为能力的表述中，正确的是（   ）。（2013年注册会计师全国统一考试"经济法"）

A. 小明有权利能力，但属于限制行为能力人

B. 小明无权利能力，而且属于限制行为能力人

C. 小明有权利能力，但无行为能力

D. 小明既无权利能力，也无行为能力

【答案】C

9. 甲为乙公司业务员，负责某小区的订奶业务多年，每月月底在小区摆摊，更新订奶户并收取下月订奶款。2013年5月29日，甲从乙公司辞职。5月30日，甲仍照常前往小区摆摊收取订奶款，订奶户不知内情，照例交款，甲亦如常开出盖有乙公司公章的订奶款收据，之后甲下落不明。根据民事法律制度的规定，下列表述中，正确的是（   ）。（2013年注册会计师全国统一考试"经济法"）

A. 甲的行为构成无权处分，应由乙公司向订奶户承担损害赔偿责任后，再向甲追偿

B. 甲的行为构成狭义无权代理，应由甲向订奶户承担损害赔偿责任

C. 甲的行为与乙公司无关，应由甲向订奶户承担合同履行义务

D. 甲的行为构成表见代理，应由乙公司向订奶户承担合同履行义务

【答案】D

10. 甲欠乙10万元未还，乙索债时，甲对乙称：若不免除债务，必以硫酸毁乙容貌，乙恐惧，遂表示免除其债务。根据民事法律制度的规定，下列关于该债务免除行为效力的表述中，正确的是（   ）。（2014年注册会计师全国统一考试"经济法"）

A. 有效   B. 可撤销   C. 效力待定   D. 无效

【答案】D

11. 根据民事法律制度的规定，下列情形中，可导致诉讼时效中止的是（   ）。（2014年注册会计师全国统一考试"经济法"）

    A. 债权人向人民法院申请支付令

    B. 债务人向债权人请求延期履行

    C. 未成年债权人的监护人在一次事故中遇难，尚未确定新的监护人

    D. 债权人向人民法院申请债务人破产

【答案】C

12. 根据民事法律制度的规定，下列情形中，能导致诉讼时效中断的有（   ）。（2013年注册会计师全国统一考试"经济法"）

    A. 债权人向人民法院申请对债务人的财产实施诉前财产保全

    B. 债务人否认对债权人负有债务

    C. 债权人向人民法院申请债务人破产，但被人民法院驳回

    D. 债权人向人民调解委员会请求调解

【答案】ACD

13. 下列关于诉讼时效期间届满后法律后果的表述中，符合法律规定的是（   ）。（2013年中级会计职称考试"经济法"）

    A. 当事人在诉讼时效期间届满后起诉的，人民法院不予受理

    B. 诉讼时效期间届满，义务人自愿履行了义务后，可以以诉讼时效期间届满为由主张恢复原状

    C. 诉讼时效期间届满后，当事人自愿履行义务的，不受诉讼时效的限制

    D. 诉讼时效期间届满后，权利人的实体权利消灭

【答案】C

14. 下列各项中，不属于委托代理终止的法定情形的是（   ）。（2013年中级会计职称考试"经济法"）

    A. 代理期间届满   B. 代理人辞去委托

    C. 被代理人恢复民事行为能力   D. 被代理人撤销委托

【答案】C

15. 根据民事诉讼法律制度的规定，在一定期间内，债权人因不可抗

力不能行使请求权的,诉讼时效中止,该期间为( )。(2014年中级会计职称考试"经济法")

  A. 诉讼时效期间的最后6个月 B. 诉讼时效期间的最后9个月
  C. 诉讼时效期间届满后6个月 D. 诉讼时效期间届满后9个月
【答案】A

16. 在当事人没有约定的情况下,下列行为可以由他人代理完成的是( )。(2015年中级会计职称考试"经济法")

  A. 订立遗嘱 B. 登记结婚 C. 租赁房屋 D. 收养子女
【答案】C

第二章　企业法律制度

一、实训目标

熟悉各种企业的财产组织形式。

二、实训要求

注重实践，运用《公司法》等相关法律模拟解决公司经营过程中可能遇到的问题与困难，在实际操作中加深对知识点的理解，熟悉对知识点的应用。

三、主要知识点

（一）重点概念

个人独资企业、合伙企业、普通合伙企业、有限合伙企业、合伙协议、无限连带责任。

（二）重点问题

(1) 个人独资企业的设立、变更、解散与清算。
(2) 个人独资企业投资人的权利与责任。
(3) 合伙企业的设立、解散。
(4) 合伙企业的财产与事务管理。
(5) 合伙企业的入伙与退伙。

（三）难点问题

(1) 合伙企业与第三人的关系。
(2) 合伙人的竞业禁止。

四、相关知识点法条链接与案例分析

（一）个人独资企业的设立

【法条链接】——《个人独资企业法》

第八条　设立个人独资企业应当具备下列条件：
（一）投资人为一个自然人；
（二）有合法的企业名称；
（三）有投资人申报的出资；
（四）有固定的生产经营场所和必要的生产经营条件；
（五）有必要的从业人员。

第九条　申请设立个人独资企业，应当由投资人或者其委托的代理人向个人独资企业所在地的登记机关提交设立申请书、投资人身份证明、生产经营场所使用证明等文件。委托代理人申请设立登记时，应当出具投资人的委托书和代理人的合法证明。

第十一条　个人独资企业的名称应当与其责任形式及从事的营业相符合。

第十二条　登记机关应当在收到设立申请文件之日起十五日内，对符合本法规定条件的，予以登记，发给营业执照；对不符合本法规定条件的，不予登记，并应当给予书面答复，说明理由。

（二）个人独资企业的经营管理

【法条链接】——《个人独资企业法》

第十九条　个人独资企业投资人可以自行管理企业事务，也可以委托或者聘用其他具有民事行为能力的人负责企业的事务管理。

投资人委托或者聘用他人管理个人独资企业事务，应当与受托人或者被聘用的人签订书面合同，明确委托的具体内容和授予的权利范围。

受托人或者被聘用的人员应当履行诚信、勤勉义务，按照与投资人签订的合同负责个人独资企业的事务管理。

投资人对受托人或者被聘用的人员职权的限制，不得对抗善意第三人。

第十四条第三款　分支机构的民事责任由设立该分支机构的个人独资企业承担。

（三）个人独资企业的解散和终止

【法条链接】——《个人独资企业法》

第二十六条　个人独资企业有下列情形之一时，应当解散：

（一）投资人决定解散；

（二）投资人死亡或者被宣告死亡，无继承人或者继承人决定放弃继承；

（三）被依法吊销营业执照；

（四）法律、行政法规规定的其他情形。

第二十七条　个人独资企业解散，由投资人自行清算或者由债权人申请人民法院指定清算人进行清算。

投资人自行清算的，应当在清算前十五日内书面通知债权人，无法通知的，应当予以公告。债权人应当在接到通知之日起三十日内，未接到通知的应当在公告之日起六十日内，向投资人申报其债权。

第二十八条　个人独资企业解散后，原投资人对个人独资企业存续期间的债务仍应承担偿还责任，但债权人在五年内未向债务人提出偿债请求的，该责任消灭。

【案例】

刘某是某高校教师，2011年8月在工商行政管理机关申请注册一家主营信息咨询的个人独资企业，申请企业设立登记时未明确以其家庭共有财产作为个人出资，企业注册资金为人民币500元，有固定的经营场所、一定的经营条件和1名职工，该企业拟命名为"远大信息咨询有限公司"。企业成立后，刘某未与聘用的1名职工签订劳动合同，也没有为其办理社会保险。后因经营不善导致企业负债5万元，于是刘某决定于2012年10月自行解散企业并自行进行了清算，但因为企业财产不足清偿债务而被债权人和企业职工诉诸人民法院。

【问题】

（1）本案中该个人独资企业的设立有无违法之处？

（2）该个人独资企业是否应当与职工签订劳动合同并为其办理社会保险？

(3) 刘某决定自行解散企业的做法是否合法？

(4) 债权人在该企业财产不能清偿债务时，能否要求刘某以其个人及家庭共有财产偿还债务？

【解答】

(1)《个人独资企业法》第八条规定，设立个人独资企业应当具备下列条件：①投资人为一个自然人；②有合法的企业名称；③有投资人申报的出资；④有固定的生产经营场所和必要的生产经营条件；⑤有必要的从业人员。由于《个人独资企业法》未对个人独资企业设置最低注册资本金的强制性要求，因此，本案中刘某以500元人民币投资设立个人独资企业的行为并不违法。但是，根据《个人独资企业法》第二条关于"个人独资企业的投资人以其个人财产对企业债务承担无限责任"，以及第十一条关于"个人独资企业的名称应当与其责任形式及从事的营业相符合"的规定，刘某拟将该个人独资企业命名为"远大信息咨询有限公司"的做法违反上述法律规定，应予以纠正。

(2) 根据《个人独资企业法》第二十二条规定，个人独资企业招用职工的，应当依法与职工签订劳动合同，保障职工的劳动安全，按时、足额发放职工工资；以及《个人独资企业法》第二十三条规定，个人独资企业应当按照国家规定参加社会保险，为职工缴纳社会保险费。刘某未与职工签订劳动合同并为其办理社会保险的行为违法。

(3) 根据《个人独资企业法》第二十六条第（一）项的规定，投资人有权决定解散个人独资企业，因此刘某决定自行解散企业的做法合法。另外，《个人独资企业法》第二十七条规定，个人独资企业解散，由投资人自行清算或者由债权人申请人民法院指定清算人进行清算。因此，刘某作为个人独资企业投资人自行清算的做法合法。

(4)《个人独资企业法》第二条规定："本法所称个人独资企业，是指依照本法在中国境内设立，由一个自然人投资，财产为投资人个人所有，投资人以其个人财产对企业债务承担无限责任的经营实体。"同时《个人独资企业法》第十八条还规定："个人独资企业投资人在申请企业设立登记时明确以其家庭共有财产作为个人出资的，应当依法以家庭共有财产对企业债务承担无限责任。"本案中，由于刘某在申请企业设立登记时,并未明确以其家庭共有财产作为个人出资,因此对于该个人独资企业所负债务,应由刘某以其个人财产对该债务承担无限责任,而不能以刘某的家庭共有财产对企业债务承担无限责任。

(四) 普通合伙企业的设立

【法条链接】——《合伙企业法》

第十四条 设立合伙企业,应当具备下列条件:
(一) 有二个以上合伙人。合伙人为自然人的,应当具有完全民事行为能力;
(二) 有书面合伙协议;
(三) 有合伙人认缴或者实际缴付的出资;
(四) 有合伙企业的名称和生产经营场所;
(五) 法律、行政法规规定的其他条件。

第九条 申请设立合伙企业,应当向企业登记机关提交登记申请书、合伙协议书、合伙人身份证明等文件。

合伙企业的经营范围中有属于法律、行政法规规定在登记前须经批准的项目的,该项经营业务应当依法经过批准,并在登记时提交批准文件。

第十条 申请人提交的登记申请材料齐全、符合法定形式,企业登记机关能够当场登记的,应予当场登记,发给营业执照。

(五) 普通合伙企业合伙人的出资与合伙企业的财产

【法条链接】——《合伙企业法》

第十六条 合伙人可以用货币、实物、知识产权、土地使用权或者其他财产权利出资,也可以用劳务出资。

合伙人以实物、知识产权、土地使用权或者其他财产权利出资,需要评估作价的,可以由全体合伙人协商确定,也可以由全体合伙人委托法定评估机构评估。

合伙人以劳务出资的,其评估办法由全体合伙人协商确定,并在合伙协议中载明。

第二十二条 除合伙协议另有约定外,合伙人向合伙人以外的人转让其在合伙企业中的全部或者部分财产份额时,须经其他合伙人一致同意。

合伙人之间转让在合伙企业中的全部或者部分财产份额时,应当通知其他合伙人。

第二十三条 合伙人向合伙人以外的人转让其在合伙企业中的财产份额的,在同等条件下，其他合伙人有优先购买权；但是，合伙协议另有约定的除外。

第二十五条 合伙人以其在合伙企业中的财产份额出质的，须经其他合伙人一致同意；未经其他合伙人一致同意，其行为无效，由此给善意第三人造成损失的，由行为人依法承担赔偿责任。

（六）合伙事务的执行

【法条链接】——《合伙企业法》

第二十六条 合伙人对执行合伙事务享有同等的权利。

按照合伙协议的约定或者经全体合伙人决定，可以委托一个或者数个合伙人对外代表合伙企业，执行合伙事务。

作为合伙人的法人、其他组织执行合伙事务的，由其委派的代表执行。

第二十七条 依照本法第二十六条第二款规定委托一个或者数个合伙人执行合伙事务的，其他合伙人不再执行合伙事务。

不执行合伙事务的合伙人有权监督执行事务合伙人执行合伙事务的情况。

第三十条 合伙人对合伙企业有关事项作出决议，按照合伙协议约定的表决办法办理。合伙协议未约定或者约定不明确的，实行合伙人一人一票并经全体合伙人过半数通过的表决办法。本法对合伙企业的表决办法另有规定的，从其规定。

第三十一条 除合伙协议另有约定外，合伙企业的下列事项应当经全体合伙人一致同意：

（一）改变合伙企业的名称；

（二）改变合伙企业的经营范围、主要经营场所的地点；

（三）处分合伙企业的不动产；

（四）转让或者处分合伙企业的知识产权和其他财产权利；

（五）以合伙企业名义为他人提供担保；

（六）聘任合伙人以外的人担任合伙企业的经营管理人员。

第三十二条 合伙人不得自营或者同他人合作经营与本合伙企业相竞争的业务。

除合伙协议另有约定或者经全体合伙人一致同意外，合伙人不得同本合伙企业进行交易。合伙人不得从事损害本合伙企业利益的活动。

（七）普通合伙企业的外部关系

【法条链接】——《合伙企业法》

第三十七条 合伙企业对合伙人执行合伙事务以及对外代表合伙企业权利的限

制,不得对抗善意第三人。

第三十八条　合伙企业对其债务,应先以其全部财产进行清偿。

第三十九条　合伙企业不能清偿到期债务的,合伙人承担无限连带责任。

第四十条　合伙人由于承担无限连带责任,清偿数额超过本法第三十三条第一款规定的其亏损分担比例的,有权向其他合伙人追偿。

第四十一条　合伙人发生与合伙企业无关的债务,相关债权人不得以其债权抵销其对合伙企业的债务；也不得代位行使合伙人在合伙企业中的权利。

（八）入伙与退伙

【法条链接】——《合伙企业法》

第四十三条　新合伙人入伙,除合伙协议另有约定外,应当经全体合伙人一致同意,并依法订立书面入伙协议。

第四十四条　入伙的新合伙人与原合伙人享有同等权利,承担同等责任。入伙协议另有约定的,从其约定。

新合伙人对入伙前合伙企业的债务承担无限连带责任。

第四十五条　合伙协议约定合伙期限的,在合伙企业存续期间,有下列情形之一的,合伙人可以退伙：

（一）合伙协议约定的退伙事由出现；

（二）经全体合伙人一致同意；

（三）发生合伙人难以继续参加合伙的事由；

（四）其他合伙人严重违反合伙协议约定的义务。

第四十六条　合伙协议未约定合伙期限的,合伙人在不给合伙企业事务执行造成不利影响的情况下,可以退伙,但应当提前三十日通知其他合伙人。

第四十八条　合伙人有下列情形之一的,当然退伙：

（一）作为合伙人的自然人死亡或者被依法宣告死亡；

（二）个人丧失偿债能力；

（三）作为合伙人的法人或者其他组织依法被吊销营业执照、责令关闭撤销,或者被宣告破产；

（四）法律规定或者合伙协议约定合伙人必须具有相关资格而丧失该资格；

（五）合伙人在合伙企业中的全部财产份额被人民法院强制执行。

合伙人被依法认定为无民事行为能力人或者限制民事行为能力人的,经其他合伙人一致同意,可以依法转为有限合伙人,普通合伙企业依法转为有限合伙企业。其他合伙人未能一致同意的，该无民事行为能力或者限制民事行为能力的合伙人退伙。

退伙事由实际发生之日为退伙生效日。

第四十九条　合伙人有下列情形之一的，经其他合伙人一致同意，可以决议将其除名：

（一）未履行出资义务；

（二）因故意或者重大过失给合伙企业造成损失；

（三）执行合伙事务时有不正当行为；

（四）发生合伙协议约定的事由。

对合伙人的除名决议应当书面通知被除名人。被除名人接到除名通知之日，除名生效，被除名人退伙。

（九）特殊的普通合伙企业

【法条链接】——《合伙企业法》

第五十七条　一个合伙人或者数个合伙人在执业活动中因故意或者重大过失造成合伙企业债务的，应当承担无限责任或者无限连带责任，其他合伙人以其在合伙企业中的财产份额为限承担责任。

合伙人在执业活动中非因故意或者重大过失造成的合伙企业债务以及合伙企业的其他债务，由全体合伙人承担无限连带责任。

（十）有限合伙企业的设立

【法条链接】——《合伙企业法》

第六十一条　有限合伙企业由二个以上五十个以下合伙人设立；但是，法律另有规定的除外。

有限合伙企业至少应当有一个普通合伙人。

第六十二条　有限合伙企业名称中应当标明"有限合伙"字样。

第六十三条　合伙协议除符合本法第十八条的规定外，还应当载明下列事项：

（一）普通合伙人和有限合伙人的姓名或者名称、住所；

（二）执行事务合伙人应具备的条件和选择程序；

（三）执行事务合伙人权限与违约处理办法；

（四）执行事务合伙人的除名条件和更换程序；

（五）有限合伙人入伙、退伙的条件、程序以及相关责任；

（六）有限合伙人和普通合伙人相互转变程序。

第六十四条　有限合伙人可以用货币、实物、知识产权、土地使用权或者其他财产权利作价出资。

有限合伙人不得以劳务出资。

第六十五条　有限合伙人应当按照合伙协议的约定按期足额缴纳出资；未按期足额缴纳的，应当承担补缴义务，并对其他合伙人承担违约责任。

（十一）有限合伙的内部关系

【法条链接】——《合伙企业法》

第六十八条　有限合伙人不执行合伙事务，不得对外代表有限合伙企业。

有限合伙人的下列行为，不视为执行合伙事务：

（一）参与决定普通合伙人入伙、退伙；

（二）对企业的经营管理提出建议；

（三）参与选择承办有限合伙企业审计业务的会计师事务所；

（四）获取经审计的有限合伙企业财务会计报告；

（五）对涉及自身利益的情况，查阅有限合伙企业财务会计账簿等财务资料；

（六）在有限合伙企业中的利益受到侵害时，向有责任的合伙人主张权利或者提起诉讼；

（七）执行事务合伙人怠于行使权利时，督促其行使权利或者为了本企业的利益以自己的名义提起诉讼；

（八）依法为本企业提供担保。

第七十条　有限合伙人可以同本有限合伙企业进行交易；但是，合伙协议另有约定的除外。

第七十一条　有限合伙人可以自营或者同他人合作经营与本有限合伙企业相竞争的业务；但是，合伙协议另有约定的除外。

第七十二条　有限合伙人可以将其在有限合伙企业中的财产份额出质；但是，合伙协议另有约定的除外。

第七十七条　新入伙的有限合伙人对入伙前有限合伙企业的债务，以其认缴的出资额为限承担责任。

第八十一条　有限合伙人退伙后，对基于其退伙前的原因发生的有限合伙企业债务，以其退伙时从有限合伙企业中取回的财产承担责任。

（十二）有限合伙人与普通合伙人之间的转化

【法条链接】——《合伙企业法》

第八十二条　除合伙协议另有约定外，普通合伙人转变为有限合伙人，或者有限合伙人转变为普通合伙人，应当经全体合伙人一致同意。

第八十三条　有限合伙人转变为普通合伙人的，对其作为有限合伙人期间有限合伙企业发生的债务承担无限连带责任。

第八十四条　普通合伙人转变为有限合伙人的，对其作为普通合伙人期间合伙企业发生的债务承担无限连带责任。

（十三）合伙企业的解散和清算

【法条链接】——《合伙企业法》

第八十五条　合伙企业有下列情形之一的，应当解散：

（一）合伙期限届满，合伙人决定不再经营；

（二）合伙协议约定的解散事由出现；

（三）全体合伙人决定解散；

（四）合伙人已不具备法定人数满三十天；

（五）合伙协议约定的合伙目的已经实现或者无法实现；

（六）依法被吊销营业执照、责令关闭或者被撤销；

（七）法律、行政法规规定的其他原因。

第八十六条　合伙企业解散，应当由清算人进行清算。

清算人由全体合伙人担任；经全体合伙人过半数同意，可以自合伙企业解散事由出现后十五日内指定一个或者数个合伙人，或者委托第三人，担任清算人。

自合伙企业解散事由出现之日起十五日内未确定清算人的，合伙人或者其他利害关系人可以申请人民法院指定清算人。

第九十一条　合伙企业注销后，原普通合伙人对合伙企业存续期间的债务仍应承担无限连带责任。

五、习题：不定项选择

1. 某有限合伙企业合伙协议的下列约定中，符合合伙企业法律制度规定的是（　　）。(2011年注册会计师全国统一考试"经济法")

　　A. 普通合伙人以现金出资，有限合伙人以劳务出资

　　B. 合伙企业成立后前三年的利润全部分配给普通合伙人

　　C. 有限合伙人甲对外代表本合伙企业，执行合伙事务

　　D. 合伙企业由普通合伙人1人、有限合伙人99人组成

【答案】B

2. 根据合伙企业法律制度的规定，除合伙协议另有约定外，下列事项中，需全体合伙人一致同意的是（　　）。(2012年注册会计师全国统一考试"经济法")

　　A. 聘请合伙人以外的人担任企业的财务负责人

　　B. 出售合伙企业名下的动产

　　C. 合伙人以其个人财产为他人提供担保

　　D. 聘请会计师事务所承办合伙企业的审计业务

【答案】A

3. 甲、乙、丙、丁、戊共同出资设立一有限合伙企业，甲、乙、丙为普通合伙人，丁、戊为有限合伙人。执行合伙人甲提议接收庚为新合伙人，乙、丙反对，丁、戊同意。合伙协议对新合伙人入伙的表决办法未做约定。根据合伙企业法律制度的规定，下列表述中，正确的是（　　）。(2012年注册会计师全国统一考试"经济法")

　　A. 庚可以入伙，因甲作为执行合伙人有权自行决定接收新合伙人

　　B. 庚可以入伙，因全体合伙人过半数同意

　　C. 庚不得入伙，因丁、戊作为有限合伙人无表决权，而反对庚入伙的普通合伙人占全体普通合伙人的2/3

　　D. 庚不得入伙，因未得到全体合伙人一致同意

【答案】D

4. 下列关于个人独资企业解散后原投资人责任的表述中，符合《个人独资企业法》规定的是（　　）。(2012年中级会计职称考试"经济法")

　　A. 原投资人对个人独资企业存续期间的债务不再承担责任

　　B. 原投资人对个人独资企业存续期间的债务承担责任，但债权人在

1年内未向债务人提出偿债请求的,该责任消灭

C. 原投资人对个人独资企业存续期间的债务承担责任,但债权人在2年内未向债务人提出偿债请求的,该责任消灭

D. 原投资人对个人独资企业存续期间的债务承担责任,但债权人在5年内未向债务人提出偿债请求的,该责任消灭

【答案】D

5. 下列中国公民中,依法可以投资设立个人独资企业的是(   )。(2014年中级会计职称考试"经济法")

A. 某市中级人民法院法官李某

B. 某商业银行支行部门经理张某

C. 某大学在校本科生袁某

D. 某县政府办公室主任金某

【答案】C

6. 为开拓市场需要,个人独资企业主曾水决定在某市设立一个分支机构,委托朋友霍火为分支机构负责人。关于霍火的权利和义务,下列哪一表述是正确的?

A. 应承担该分支机构的民事责任

B. 可以从事与企业总部相竞争的业务

C. 可以将自己的货物直接出卖给分支机构

D. 经曾水同意可以分支机构财产为其弟提供抵押担保

【答案】D

7. 根据外商直接投资法律制度的规定,下列选项中,属于禁止类外商投资项目的是(   )。(2013年注册会计师全国统一考试"经济法")

A. 不利于节约资源和改善生态环境的项目

B. 占用大量耕地,不利于保护、开发土地资源的项目

C. 技术水平落后的项目

D. 从事国家规定实行保护性开采的特定矿种勘探、开采的项目

【答案】B

8. 下列关于外国投资者并购境内企业安全审查的表述中,符合涉外投资法律制度规定的是(   )。(2014年注册会计师全国统一考试"经

济法")

A. 对并购交易的安全审查应当由商务部做出最终决定

B. 评估并购交易对国内产业竞争力的影响是安全审查的重要内容

C. 拟并购境内企业的外国投资者应按照规定向商务部申请进行并购安全审查

D. 国务院有关部门可不经商务部直接向并购安全审查部际联席会议提出审查申请

【答案】C

9. 某中外合作经营企业的董事会拟对企业资产抵押的事项做出决议。下列关于该董事会就该事项表决规则的表述中，符合《中外合作经营企业法》规定的是（　　）。（2010年中级会计职称考试"经济法"）

A. 该事项须由全体董事过半数表决通过

B. 该事项须由出席会议董事的过半数通过

C. 该事项须由出席会议的董事一致表决通过

D. 该事项须由出席会议的2/3以上董事表决通过

【答案】C

10. 甲、乙、丙共同出资设立一特殊普通合伙制的律师事务所。2010年5月，乙从事务所退出，丁加入事务所成为新合伙人。2010年8月，法院认定甲在2009年的某项律师业务中存在重大过失，判决事务所向客户赔偿损失。根据合伙企业法律制度的规定，下列关于赔偿责任承担的表述中，正确的有（　　）。（2012年注册会计师全国统一考试"经济法"）

A. 甲应以其全部个人财产承担无限责任

B. 乙应以其退出时在事务所中的实际财产份额为限承担赔偿责任

C. 丙应以其在事务所中的财产份额为限承担赔偿责任

D. 丁无须承担赔偿责任

【答案】ABC

11. 根据合伙企业法律制度的规定，下列各项中，属于合伙企业财产的有（　　）。（2014年注册会计师全国统一考试"经济法"）

A. 合伙人缴纳的实物出资

B. 合伙企业对某公司的债权

C. 合伙企业合法接受的赠与财产

D. 合伙企业借用的某合伙人的电脑

【答案】ABC

12. （本题涉及的考点在2015年版教材中已经删除）根据个人独资企业法律制度的规定，下列各项中，可作为投资人申请设立个人独资企业的有（   ）。(2011年注册会计师全国统一考试"经济法")

   A. 刑满释放的无业人员甲

   B. 某民营商业银行的工作人员乙

   C. 有不良信用记录的个体工商户丙

   D. 一年前曾担任过某破产清算企业的总经理并对其破产负有个人责任，现为某企业销售人员的丁

【答案】ACD

13. 根据《个人独资企业法》的规定，下列各项中，可以用作个人独资企业名称的有（   ）。(2011年中级会计职称考试"经济法")

   A. 云滇针织品有限公司　　B. 昆海化妆品经销公司

   C. 樱园服装设计中心　　　D. 霞光婚纱摄影工作室

【答案】CD

14. 甲国有独资公司与乙外方投资者共同设立了丙中外合资经营企业。甲拟将所持丙公司的全部股权转让给乙。丙的经营范围属于我国外资企业法律制度所规定的限制设立外资企业的行业。下列关于丙股权变更的表述中，正确的有（   ）。(2011年注册会计师全国统一考试"经济法")

   A. 甲拟转让的丙股权，须经国有资产监督管理部门依法评估作价

   B. 甲向乙转让其所持丙股权，须经商务部批准

   C. （本选项涉及的考点在2015年版教材中已经删除）甲和乙之间的股权转让协议，自核发变更外商投资企业批准证书之日起生效

   D. 甲和乙之间的股权转让获批后，须由国家工商行政管理总局或其委托的原登记机关办理变更登记

【答案】BCD

15. 下列关于外商投资企业投资者股权质押行为的表述中，符合外商

投资企业法律制度规定的有（　　）。（2012 年注册会计师全国统一考试"经济法"）

A. 经其他投资者同意，外商投资企业的投资者可质押未缴付出资部分的股权

B. 经出质投资者和外商投资企业其他投资者同意，质权人可以转让出质股权

C. 经质权人同意，出质投资者可以将已出质的股权转让或再质押

D. 经其他投资者同意，外商投资企业的投资者可以将其股权质押给本企业

【答案】BC

六、主要相关知识点的案例分析

杨某、李某、张某、王某于 2001 年 9 月签订协议合伙兴办皇某某石场，该协议约定了各出资人的出资比例，其中张某为徐某儿子，皇某某石场实为徐某入伙投资。后皇某某石场以个体工商户营业执照登记，经营者登记为李某。2010 年 5 月某区人民政府因招商引资项目需使用皇某某石场用地，与皇某某石场签订协议，同意补偿皇某某石场拆迁补偿款共计 92 万元。皇某某石场被拆迁关闭后，得到拆迁补偿款 92 万元，但各股东未对该石场进行清算，并且由于当时皇某某石场没有银行账户，杨某、李某和徐某商议一致同意以徐某名字开设皇某某石场合伙人共同账户，三人各持密码共同保管。之后在没有与王某进行分配的情况下，杨某、李某分别提取了 20 万元和 17 万元，余款仍由徐某保管。王某获悉皇某某石场已经收到拆迁补偿款后，多次要求分配未获得杨某、李某和徐某同意。后来杨某、李某在当地公安分局的协调下，已分别全部退回领取的款项，并交由某镇司法所代为保管。但徐某、张某均拒绝退款。为保障皇某某石场合伙人共有财产安全，杨某、李某遂诉至法院请求：判令两被告徐某、张某退回人民币 390747.82 元，由杨某、李某和张某、王某共同开设银行账户保管；依法判决皇某某石场获得的政府补偿款共 92 万元，在扣除相关费用支出 324527 元后，剩余 595263 元由各股东按投资比例分配。

【问题】

（1）皇某某石场应被认定为个体工商户还是合伙企业？

（2）两被告徐某、张某是否应该退回人民币390747.82元？

（3）对皇某某石场得到的拆迁补偿款92万元，是否应按照原告杨某、李某提出的投资比例进行分配？

【解答】

（1）该皇某某石场虽然以个体工商户营业执照登记，经营者登记为李某，但是，根据杨某、李某、张某、王某签订的约定了各自出资比例的协议书，可以认定皇某某石场由各当事人合伙投资组建，实际上属于个人合伙企业，应适用《合伙企业法》的相关规定。

（2）《合伙企业法》第二十条规定："合伙人的出资、以合伙企业名义取得的收益和依法取得的其他财产，均为合伙企业的财产。"因此，本案中以皇某某石场的名义取得的92万元拆迁补偿款为合伙企业的财产，应属各合伙人共有，即杨某、李某、张某、王某共有。但徐某、张某将其中的55万元占为已有，损害了其他合伙人的利益，依法应予退回交全体合伙人统一管理和使用，现两原告要求两被告退回其中的390747.82元，符合法律规定，应予支持。

（3）根据《合伙企业法》第二十一条规定："合伙人在合伙企业清算前，不得请求分割合伙企业的财产。"虽然该石场已经关闭，但尚未进行清算，该石场的盈亏状况不明，无法确定石场最终可分配的财产，因此杨某、李某请求分割属于合伙企业财产的92万元的请求不符合法律规定，不予支持。

七、热点案例介绍、热点问题探讨

恭城县某采石场系陈某、李某、刘某于2012年6月出资成立的经营矿产开采的合伙企业，莫某为合伙事务执行人。2013年1月10日，周某加入合伙并签订了书面合同，合同约定，周某以机械设备和生产线设备投入，利润占45%；陈某、李某、刘某以企业证照、山场资源、场地等设施及材料投入，利润占55%。合同签订后，各方依约履行并开始了生产经营活动。在经营中，周某与其他合伙人产生分歧，石场于2014年5月停工。

由于对上述分歧无法达成统一意见，周某向法院起诉要求确认其退伙，并返还其投入的设备。在审理期间，因双方约定的合同期限已满，双方无法自行清算。为解决纠纷，周某曾向法院申请由相关专业部门进行司法清算。但由于双方当事人无法提供鉴定所需的补充材料，司法鉴定机构将送检资料退回。

【讨论】

（1）原告周某要求退伙的请求应否支持？为什么？

（2）本案中应如何处理合伙企业的财产？

（3）谈谈你对因当事人未能提供在合伙期间的经营盈亏、财产状况的材料，而导致司法清算不能进行的看法。

八、实务操作

（一）提供法律咨询

甲、乙、丙准备设立一家合伙企业，请你为其准备申请设立时需要的法律文件，并为其提供法律咨询。

（二）审查、修改合伙协议

【背景材料】

下面是一份有限合伙协议的主要条款：

（1）合伙企业的名称和主要经营场所的地点。

（2）合伙目的和合伙经营范围。

（3）合伙人的姓名及其住所。

（4）合伙人的出资方式、数额和缴付出资的期限。

（5）利润分配和亏损分担方式。

（6）合伙企业的经营期限。

（7）合伙人争议的解决方式。

【要求】

依照法律规定，补充本协议中欠缺的条款。

第三章 公　司　法

一、实训目标

培养学生创办、筹备公司，处理公司日常法律事务的能力。

二、实训要求

理解、掌握公司设立，有限责任公司及股份有限公司的主要法律规定，并能熟练运用。

三、主要知识点

（一）重点概念

公司章程、有限责任公司、一人有限责任公司、国有独资公司、股份有限公司、发起设立、募集设立、公司债券。

（二）重点问题

(1) 公司的特点与分类。
(2) 公司法人人格否认制度。
(3) 公司法人财产权。
(4) 股东权利。
(5) 国有独资公司特殊的法律规定。
(6) 一人有限责任公司特殊的法律规定。
(7) 有限责任公司的设立及组织机构。

(8) 股份有限公司的设立及组织机构。
(9) 公司董事、监事及公司高管的任职资格及法定义务。

(三) 难点问题

(1) 股份的发行与转让。
(2) 公司的治理结构。

四、相关知识点法条链接与案例分析

(一) 有限责任公司的设立

【法条链接】——《公司法》
第二十三条　设立有限责任公司，应当具备下列条件：
(一) 股东符合法定人数；
(二) 有符合公司章程规定的全体股东认缴的出资额；
(三) 股东共同制定公司章程；
(四) 有公司名称，建立符合有限责任公司要求的组织机构；
(五) 有公司住所。

第二十七条　股东可以用货币出资，也可以用实物、知识产权、土地使用权等可以用货币估价并可以依法转让的非货币财产作价出资；但是，法律、行政法规规定不得作为出资的财产除外。

对作为出资的非货币财产应当评估作价，核实财产，不得高估或者低估作价。法律、行政法规对评估作价有规定的，从其规定。

【案例】
A、B、C 拟共同出资设立一家有限责任公司，并共同制定了公司章程草案。该公司章程草案有关要点如下：公司注册资本总额为 600 万元。各方出资数额、出资方式以及缴付出资的时间分别为：A 出资 180 万元（货币出资 70 万元、计算机软件作价出资 110 万元，首次货币出资 20 万元，其余货币出资和计算机软件出资自公司成立之日起 1 年内缴足），B 出资 150 万元（机器设备作价出资 100 万元、土地使用权出资 50 万元，自公司成立之日起 6 个月一次缴足），C 以货币 270 万元出资（首次货币出资 90

万元，其余出资自公司成立之日起第 2 年缴付 100 万元，第 3 年缴付剩余的 80 万元)。

请问：该公司的设立是否合法？为什么？

（二）国有独资公司的设立

【法条链接】——《公司法》

第六十四条　国有独资公司的设立和组织机构，适用本节规定；本节没有规定的，适用本章第一节、第二节的规定。

本法所称国有独资公司，是指国家单独出资、由国务院或者地方人民政府授权本级人民政府国有资产监督管理机构履行出资人职责的有限责任公司。

第六十五条　国有独资公司章程由国有资产监督管理机构制定，或者由董事会制订报国有资产监督管理机构批准。

第六十六条　国有独资公司不设股东会，由国有资产监督管理机构行使股东会职权。国有资产监督管理机构可以授权公司董事会行使股东会的部分职权，决定公司的重大事项，但公司的合并、分立、解散、增加或者减少注册资本和发行公司债券，必须由国有资产监督管理机构决定；其中，重要的国有独资公司合并、分立、解散、申请破产的，应当由国有资产监督管理机构审核后，报本级人民政府批准。

前款所称重要的国有独资公司，按照国务院的规定确定。

第六十七条　国有独资公司设董事会，依照本法第四十七条、第六十七条的规定行使职权。董事每届任期不得超过三年。董事会成员中应当有公司职工代表。

董事会成员由国有资产监督管理机构委派；但是，董事会成员中的职工代表由公司职工代表大会选举产生。

董事会设董事长一人，可以设副董事长。董事长、副董事长由国有资产监督管理机构从董事会成员中指定。

第六十八条　国有独资公司设经理，由董事会聘任或者解聘。经理依照本法第五十条规定行使职权。

经国有资产监督管理机构同意，董事会成员可以兼任经理。

第六十九条　国有独资公司的董事长、副董事长、董事、高级管理人员，未经国有资产监督管理机构同意，不得在其他有限责任公司、股份有限公司或者其他经济组织兼职。

【案例】

某国有企业为配合国家现代企业制度建设，由国家授权的机构转变为国有独资公司。公司内未设股东会，只设董事会行使股东会的部分职权。董事会有5名成员皆为国家授权机构任命的干部，无一职工代表。董事长黄某还兼任另一家股份有限公司的副董事长。2016年1月，该公司在大连设立一子公司为有限责任公司，该公司对其投资1000万元。在一大型投资活动中，该子公司以自己全部资金2000万元加上银行贷款1000万元进行投资。结果投资失败，损失3000万元。债权人提出破产申请。

【问题】

（1）该公司不设股东会是否合法？

（2）该公司董事会的成员组成是否合法？

（3）该公司是否承担上海子公司的破产责任？为什么？

（三）股份有限公司的设立

【法条链接】——《公司法》

第七十六条 设立股份有限公司，应当具备下列条件：

（一）发起人符合法定人数；

（二）有符合公司章程规定的全体发起人认购的股本总额或者募集的实收股本总额；

（三）股份发行、筹办事项符合法律规定；

（四）发起人制订公司章程，采用募集方式设立的经创立大会通过；

（五）有公司名称，建立符合股份有限公司要求的组织机构；

（六）有公司住所。

第七十七条 股份有限公司的设立，可以采取发起设立或者募集设立的方式。

发起设立，是指由发起人认购公司应发行的全部股份而设立公司。

募集设立，是指由发起人认购公司应发行股份的一部分，其余股份向社会公开募集或者向特定对象募集而设立公司。

【案例】

2016年3月，A市四家企业拟发起成立一家从事高新技术开发的大海股份有限公司，资本总额为800万元，四家发起企业认购250万元（每股1元），其余部分向社会公开募集。

2016年8月，发起企业中的三家以现金共认购了70万元的股份，另一家企业则以其非专利技术入股，作价180万元。2017年1月，社会认股人缴纳股款 400 万元，发起人以大海股份有限公司的名义申请银行抵押贷款 150 万元，从而募足了股款。2017 年 2 月，在 A 市证券监督管理机构的主持下，召开了大海股份有限公司的创立大会，做出建立股份有限公司的决定。

【问题】

根据《公司法》的相关规定，分析大海股份有限公司的设立是否合法。

五、习题：不定项选择

1. 根据公司法律制度的规定，当公司出现特定情形，继续存续会使股东利益受到重大损失，通过其他途径不能解决，持有公司全部股东表决权 10% 以上的股东提起解散公司诉讼的，人民法院应当受理。下列各项中，属于此类特定情形的是（　　）。(2011 年注册会计师全国统一考试"经济法")

A. 甲公司连续 2 年严重亏损，已濒临破产

B. 乙公司由大股东控制，连续 4 年不分配利润

C. 丙公司股东之间发生矛盾，持续 3 年无法召开股东会，经营管理发生严重困难

D. 丁公司 2 年来一直拒绝小股东查询公司会计账簿的请求

【答案】C

【解析】

(1) 股东以知情权（选项 D）、利润分配请求权（选项 B）等权益受到损害，或者公司亏损、财产不足以偿还全部债务（选项 A），以及公司被吊销企业法人营业执照未进行清算等为由提起解散公司诉讼的，人民法院不予受理。

(2) 选项 C：公司持续 2 年以上无法召开股东会或者股东大会，公司经营管理发生严重困难的，单独或者合计持有公司全部表决权 10% 以上的股东可以向人民法院提起解散公司诉讼。

2. 下列关于国有独资公司的表述中，符合公司法律制度规定的是

(　　)。(2011年注册会计师全国统一考试"经济法")

A. 国有独资公司不设股东会，由国有资产监督管理机构行使股东会职权

B. 国有独资公司的董事会获得国有资产监督管理机构授权，可以决定公司合并事项

C. 国有独资公司监事会的职工代表由国有资产监督管理机构委派

D. 国有独资公司的董事会成员全部由国有资产监督管理机构委派

【答案】A

【解析】

(1) 选项B：国有独资公司的合并、分立、解散、增减注册资本和发行公司债券，必须由国有资产监督管理机构决定。

(2) 选项C：国有独资公司监事会中的职工代表由公司职工代表大会选举产生。

(3) 选项D：国有独资公司董事会成员由国有资产监督管理机构委派，但是，董事会成员中的职工代表由公司职工代表大会选举产生。

3. 甲股份有限公司于2010年7月21日在上海证券交易所挂牌上市。2010年12月20日，公司发布公告说明的下列事项中，符合公司法律制度规定的是(　　)。(2011年注册会计师全国统一考试"经济法")

A. 公司董事在首次公开发行股份前持有的本公司股份自2010年12月21日起可以转让，但每年不得超过其所持股份总数的25%

B. 公司发起人在公司成立时持有的本公司股份自2010年12月21日起可以对外转让

C. 股东大会通过决议，同意公司视股价情况收购本公司已发行股份的3%用于未来1年内奖励本公司职工

D. 股东大会通过决议，同意接受债务人乙以其持有的本公司股份作为担保其债务履行的质押权标的

【答案】C

【解析】

(1) 选项A：公司董事、监事、高级管理人员所持本公司股份自公司股票上市交易之日起1年内不得转让。

(2) 选项 B：发起人持有的本公司股份，自公司成立之日起 1 年内不得转让，公司公开发行股份前已发行的股份，自公司股票在证券交易所上市交易之日起 1 年内不得转让。

(3) 选项 C：将股份奖励给本公司职工而收购的本公司股份，不得超过本公司已发行股份总额的 5%，所收购的股份应当在 1 年内转让给职工。

(4) 选项 D：公司不得接受本公司的股票作为质押权的标的。

4. 根据企业国有资产法律制度的规定，企业国有资产产权登记机关是（　　）。（2011 年注册会计师全国统一考试"经济法"）

　　A. 各级财政部门　　　　　　B. 各级国有资产监督管理机构
　　C. 各级工商行政管理部门　　D. 各级商务主管部门

【答案】B

【解析】企业国有资产产权登记机关是各级国有资产监督管理机构。

5. 甲公司欠乙公司 500 万元货款未付。丙公司是甲公司的母公司。甲公司与丙公司订立协议，约定将甲公司欠乙公司的该笔债务转移给丙公司承担。下列关于甲公司和丙公司之间债务承担协议效力的表述中，正确的是（　　）。（2011 年注册会计师全国统一考试"经济法"）

　　A. 经乙公司同意才能生效
　　B. 通知乙公司即可生效
　　C. 直接生效
　　D. 直接生效，而且甲公司和丙公司对乙公司承担连带清偿责任

【答案】A

【解析】债务人将合同义务的全部或者部分转移给第三人的，应当经债权人同意。

6. 根据公司法律制度的规定，用法定公积金转增股本后，留存的该项公积金不得少于转增前公司注册资本的一定比例。该比例是（　　）。（2012 年注册会计师全国统一考试"经济法"）

　　A. 10%　　　B. 25%　　　C. 30%　　　D. 50%

【答案】B

【解析】用法定公积金转增资本时，转增后留存的法定公积金不得少于"转增前"注册资本的 25%。

7. 根据公司法律制度的规定，下列关于一人有限责任公司的表述中，正确的是（   ）。(2012 年注册会计师全国统一考试"经济法")

A．（本选项涉及的考点在 2015 年版教材中已经删除）一人有限责任公司的注册资本最低限额为 5 万元

B．一人有限责任公司应在每一会计年度终了时编制财务会计报告，但不必经会计师事务所审计

C．一人有限责任公司的股东可以是自然人，也可以是法人

D．公司债权人要求股东对公司债务承担连带责任的，有义务证明该公司的财产不独立于股东自己的财产

【答案】C

【解析】

（1）选项 A：一人有限责任公司的注册资本最低为 10 万元，股东应当一次足额缴纳出资，不允许分期缴付。

（2）选项 B：一人有限责任公司应当在每一个会计年度结束时编制财务会计报告，并经会计师事务所审计。

（3）选项 D：一人有限责任公司的"股东"不能证明公司财产独立于股东自己财产的，应当对公司债务承担连带责任。

8．甲向乙借用一台机床。借用期间，未经乙同意，甲以所有权人名义，以该机床作价出资，与他人共同设立有限责任公司丙。公司其他股东对甲并非机床所有人的事实并不知情。乙发现上述情况后，要求返还机床。根据公司法律制度和物权法律制度的规定，下列表述中，正确的是（   ）。(2012 年注册会计师全国统一考试"经济法")

A．甲出资无效，不能取得股东资格，乙有权要求返还机床

B．甲出资无效，应以其他方式补足出资，乙有权要求返还机床

C．甲出资有效，乙无权要求返还机床，但甲应向乙承担赔偿责任

D．甲出资有效，乙无权要求返还机床，但丙公司应向乙承担赔偿责任

【答案】C

【解析】出资人甲以不享有处分权的机床出资，如果符合《物权法》第一百零六条规定的善意取得条件，丙公司有权主张该机床的所有权，相

应地，甲的出资有效，乙无权返还机床，但可以向甲主张损害赔偿。

9. 甲欲低价购买乙收藏的一幅古画，乙不允。甲声称：若乙不售画，就公布其不雅视频，乙被迫与甲订立买卖合同。根据合同法律制度的规定，该合同的效力为（　　）。（2013年注册会计师全国统一考试"经济法"）

A. 无效　　　　　　　　B. 效力待定
C. 有效　　　　　　　　D. 可变更、可撤销

【答案】D

【解析】因胁迫而订立的合同，不损害国家利益的，属于可变更、可撤销合同；损害国家利益的，属于无效合同。

10. 根据公司法律制度的规定，在名义股东与实际出资人之间确定投资权益的归属时，应当依据（　　）。（2014年注册会计师全国统一考试"经济法"）

A. 股东名册的记载
B. 其他股东的过半数意见
C. 名义股东与实际出资人之间的合同约定
D. 公司登记机关的登记

【答案】C

【解析】实际出资人与名义出资人订立合同，约定由实际出资人出资并享有投资权益，以名义出资人为名义股东，实际出资人与名义股东对该合同效力发生争议的，如无《合同法》第五十二条规定的无效情形，人民法院应当认定该合同有效，实际出资人可依照"合同约定"向名义股东主张相关权益。

11. 甲、乙双方订立协议，由甲作为名义股东，代为持有乙在丙有限责任公司的股权，但投资收益由实际投资人乙享有。协议并无其他违法情形。后甲未经乙同意，将其代持的部分股权，以合理价格转让给丙公司的股东丁。丁对甲只是名义股东的事实不知情。根据公司法律制度的规定，下列表述中，正确的有（　　）。（2012年注册会计师全国统一考试"经济法"）

A. 甲、乙之间的股权代持协议无效

B. 甲、乙之间的股权代持协议有效

C. 若乙反对甲、丁之间的股权转让，则丁不能取得甲所转让的股权

D. 即使乙反对甲、丁之间的股权转让，丁亦合法取得甲所转让的股权

【答案】BD

【解析】

(1) 选项AB：实际出资人与名义出资人订立合同，约定由实际出资人出资并享有投资权益，以名义出资人为名义股东，实际出资人与名义股东对该合同效力发生争议的，如无《合同法》第五十二条规定的无效情形，人民法院应当认定该合同有效。

(2) 选项CD：名义股东将登记于其名下的股权转让、质押或者以其他方式处分，只要受让方构成善意取得，交易的股权可以最终为其所有；但名义股东处分股权造成实际出资人损失，实际出资人请求名义股东承担赔偿责任的，人民法院应予支持。

12. 下列关于股份有限公司董事会的表述中，符合公司法律制度规定的有（   ）。（2012年注册会计师全国统一考试"经济法"）

A. 董事会成员为5～19人，而且人数须为单数

B. 董事会成员中应有一定比例的独立董事

C. 董事会会议应有过半数的董事出席方可举行

D. 董事会做出决议须经全体董事的过半数通过，董事会决议的表决实行一人一票

【答案】CD

【解析】

(1) 选项A：公司法律制度并未要求股份有限公司董事会的人数必须为单数。

(2) 选项B：只有"上市公司"董事会成员中应当至少有1/3为独立董事，非上市公司可以不设独立董事。

13. 某有限责任公司关于股东资格解除与认定的下列做法中，符合公司法律制度规定的有（   ）。（2013年注册会计师全国统一考试"经济法"）

A．股东乙病故后，其妻作为合法继承人要求继承股东资格，公司依章程中关于股东资格不得继承的规定予以拒绝

B．股东丙抽逃部分出资，股东会通过决议解除其股东资格

C．股东甲未依照章程规定缴纳出资，董事会通过决议解除其股东资格

D．实际出资人丁请求公司解除名义股东戊的股东资格，并将自己登记为股东，因未获公司其他股东半数以上同意，公司予以拒绝

【答案】AD

【解析】

（1）选项A：在公司章程没有另外规定的情况下，自然人股东死亡后，其合法继承人可以直接继承股东资格。在本题中，既然公司章程中有股东资格不得继承的明确规定，该公司的做法合法。

（2）选项B：股东抽逃"全部"出资，经公司催告，在合理期间内仍未返还出资，公司可以以股东会决议解除该股东的股东资格。在本题中，股东丙只是抽逃"部分"出资，股东会通过决议解除其股东资格不合法。

（3）选项C：有限责任公司的股东未履行出资义务（不包括未全面履行），经公司催告，在合理期间内仍未缴纳，公司可以以"股东会决议"（而非董事会决议）解除该股东的股东资格。

（4）选项D：如果实际出资人未经公司其他股东半数以上同意，请求公司变更股东、签发出资证明书、记载于股东名册、记载于公司章程并办理公司登记机关登记的，人民法院不予支持。

14．根据公司法律制度的规定，股份有限公司采取募集方式设立的，认股人缴纳出资后，有权要求返还出资的情形有（　　）。（2014年注册会计师全国统一考试"经济法"）

A．公司未按期募足股份

B．创立大会决议不设立公司

C．公司发起人抽逃出资、情节严重

D．发起人未按期召开创立大会

【答案】ABD

【解析】发起人、认股人缴纳股款或者交付抵作股款的出资后，除未

按期募足股份、发起人未按期召开创立大会或者创立大会决议不设立公司的情形外，不得抽回其股本。

15. 根据《公司法》的规定，公司章程对特定的人员或机构具有约束力。下列各项中，属于该特定人员或机构的有（ ）。（2010 年中级会计职称考试"经济法"）

A. 公司财务负责人　　　　B. 公司股东
C. 上市公司董事会秘书　　D 公司实际控制人

【答案】ABC
【解析】公司章程约束公司、股东、董事、监事及高级管理人员，公司实际控制人不属于股东，不受公司章程约定。

六、热点案例介绍、热点问题探讨

（一）注册资本认缴制不等于任意而为，从上海法院首例认缴出资案判决看认缴的法律风险

【导读】

注册资本 2000 万元的某投资公司，实缴出资 400 万元。新《公司法》股份认缴制出台后，增资到 10 亿元。在签订近 8000 万元的合同后，面对到期债务突然减资到 400 万元，并更换了股东。债权人在首笔 2000 万元无法收取后，将该公司连同新、老股东一同告上法庭，要求投资公司与新老股东均承担债务的连带责任。2015 年 5 月 25 日下午，普陀区人民法院就该起认缴出资引发的纠纷做出了一审判决。

上海某投资公司成立于 2013 年 11 月，注册资本 2000 万元，实缴金额 400 万元。其中公司发起人徐某认缴出资额为 1400 万元，实缴出资额为 280 万元，毛某认缴出资额为 600 万元实缴出资额为 120 万元。两人的认缴出资期限均为 2 年。

到了 2014 年 4 月，毛某将公司股权转让给林某，投资公司也通过股东会决议，决定成立新一届股东会，新、老股东徐某与林某将公司资本由 2000 万元增资到 10 亿元，但是实缴金额依然是 400 万元。公司新章程约

定，两名股东要在2024年12月31日之前缴纳出资。

2014年5月，投资公司与一家国际贸易公司签订了一份有关目标公司"某贸易公司"的股权转让协议。国际贸易公司将其持有的"某贸易公司"99.5%股权转让给投资公司，转让款近8000万元要在合同签订后的30日内付清。合同签订后，双方完成了股权转让，目标公司"某贸易公司"也完成股权转让工商变更登记，投资公司享有"某贸易公司"99.5%股权。

到了2014年7月1日，因为付款问题，国际贸易公司与投资公司签订了股权转让的补充协议，约定投资公司要在2014年8月30日前付款2000万元，2014年11月30日前付款2000万元，2014年12月31日前付款2000万元，2015年1月31日前支付剩余的1960万元。

可是，就在2014年7月底，投资公司突然做出一系列的股东会决议。首先决定公司注册资本金由10亿元减至400万元，同时老股东徐某也退出公司，由新股东接某接手相关股份，同时修改了公司章程。

2014年9月，投资公司正式向工商登记机关申请注册资本金额由10亿元减至400万元。在提交给工商登记机关的"有关债务清偿及担保情况说明"这一材料中，投资公司的表述为"公司对外债务为0万元。至2014年9月22日，公司已向要求清偿债务或者提供担保的债权人清偿了全部债务或提供了相应的担保。未清偿的债务，由公司继续负责清偿，并由接某和林某在法律规定的范围内提供相应的担保"。2014年10月，工商登记机关准予投资公司注册资本金额由10亿元减资至400万元的变更登记，并核准了公司章程。

但是，投资公司从来没有按照股权转让协议和补充协议的内容向国际贸易公司支付过一分钱。国际贸易公司得知了投资公司减资的消息后，遂将投资公司连同四位新、老股东全部告上法庭，要求被投资公司支付股权转让款首期款人民币2000万元；要求公司股东接某、林某在各自未出资本息范围内，就投资公司不能清偿的部分承担补充赔偿责任，徐某、毛某要承担连带责任；要求接某、林某在减资本息范围内，就投资公司对不能清偿的部分承担补充赔偿责任，徐某、毛某在各自未出资范围内与接某、林某承担连带责任。

在法庭上，前股东徐某、毛某认为两人都按照公司认缴出资的章程完成了出资，公司减资时已经不是公司股东，减资的行为与自己无关。同时毛某认为，在和国际贸易公司签订目标公司股权转让协议之前已经不是公司股东，更谈不上为协议承担责任。

而现任股东接某和林某认为，公司减资不是为了逃避债务，而是出于公司的实际经营需要，没有如实申报债权是工作疏忽，减资并未造成公司资产实际流失，股东不应承担责任。

【法庭审理】

法官在审理该案后认为，被告投资公司作为目标公司股权的购买方，没有按照合同约定支付股权价款构成了违约，应该以其全部财产对原告承担责任。投资公司及其股东在明知公司对外负有债务的情况下，没有按照法定的条件和程序进行减资，该减资行为无效，投资公司的注册资本应该恢复到减资以前的状态，即公司注册资本仍然为10亿元，公司股东为徐某和林某。在公司负有到期债务、公司财产不能清偿债务的情况下，股东徐某和林某应该缴纳承担责任之后尚欠的债务；如果公司完全不能清偿债务，则徐某和林某应该缴纳相当于全部股权转让款的注册资本，以清偿原告债务。

同时，被告投资公司未履行法定程序和条件减少公司注册资本，类似于抽逃出资行为，公司债权人也可以要求徐某和林某对于公司不能清偿的部分承担补充赔偿责任。毛某在本案系争股权转让协议签订之前已经退出公司，不应该对其退出之后公司的行为承担责任。由于减资行为被认定无效之后，应该恢复到减资行为以前的状态，因此被告接某不应被认定为投资公司的股东，接某可以不承担投资公司对原告所承担的责任。

2015年5月25日下午，普陀区人民法院就案件做出一审判决。某投资公司应该在本判决生效之日起10日内向国际贸易公司支付股权转让款2000万元；对投资公司不能清偿的股权转让款，徐某和林某在未出资的本息范围内履行出资义务，承担补充清偿责任。

（二）小股东解除大股东的资格，让人眼界大开

【导读】

根据《公司法解释（三）》第十七条规定，股东未按章程约定履行出资义务或抽逃全部出资，经催告后在合理期限内仍未缴纳或返还出资的，公司可以以股东会决议解除该股东的股东资格。对于该股东除名决议，该未出资股东不具有表决权，即便该股东系控股股东。《公司法》修正后降低了股东投资门槛，但不代表减轻了股东不履行出资义务的责任，只是股东的出资义务更多源于股东之间的意定，而非法定。当股东不履行约定的出资义务达到根本违约程度时，其他股东可以追究该未出资股东比较严苛的法律责任，直至解除其股东资格。

【案情】

上海万禹国际贸易有限公司（以下简称"万禹公司"）设立于2009年3月11日，设立时注册资本人民币100万元，股东为宋某某、高某。2012年8月28日，万禹公司召开股东会会议，做出决议：①增加公司注册资本由100万元增至1亿元；②吸收新股东杭州豪旭贸易有限公司（以下简称"豪旭公司"）；③增资后的股东出资情况、股权比例为，宋某某60万元（0.6%）、高某40万元（0.4%）、豪旭公司9900万元（99%）；等等。同日，万禹公司通过新的公司章程，公司章程中关于公司注册资本、股东出资额及持股比例的内容与上述股东会决议一致。

2012年9月14日，两家案外公司汇入豪旭公司的银行账户共计9900万元。同日，豪旭公司将该9900万元汇入万禹公司的银行账户内。经会计师事务所验资确认后，同年9月17日，豪旭公司将增资验资款9900万元从万禹公司账户转出，通过一系列账户流转，还给了两家案外公司。

2013年12月27日，万禹公司向豪旭公司邮寄"催告返还抽逃出资函"，称豪旭公司已抽逃其全部出资9900万元，望其尽快返还全部抽逃出资，否则，万禹公司将依法召开股东会会议解除豪旭公司股东资格。但豪旭公司未返还抽逃的出资。

2014年3月6日，万禹公司向豪旭公司邮寄"临时股东会会议通知"，通知其于同年3月25日召开股东会，审议关于解除豪旭公司股东资

格的事项。2014年3月25日，万禹公司召开2014年度临时股东会，全体股东均出席股东会。股东会会议记录载明："……5.到会股东就解除豪旭公司作为万禹公司股东资格事项进行表决。6.表决情况：同意2票，占总股数1%，占出席会议有效表决权100%；反对1票，占总股数99%，占出席会议有效表决权的0%。表决结果：提案通过。"各股东在会议记录尾部签字，但豪旭公司代理人在签字时注明不认可上述表决结果。同日，万禹公司出具股东会决议，载明："因股东豪旭公司抽逃全部出资，而且经催告后仍未及时归还，故经其他所有股东协商一致，决议解除其作为万禹公司股东的资格。万禹公司于本决议做出后30日内向公司登记机关申请办理股东变更登记及减资手续。"宋某某、高某在该股东会决议上签字，豪旭公司代理人拒绝签字。

由于豪旭公司对上述股东会决议不认可，宋某某作为股东诉至法院，请求确认万禹公司2014年3月25日股东会的决议有效。万禹公司同意宋某某的诉请。

豪旭公司述称，豪旭公司未抽逃出资，即使有抽逃出资行为，其仍具有股东资格和股东权利，对股东会会议拥有99%的表决权。其已表决否决了2014年3月25日的股东会决议，该股东会决议无效。

【审判】

一审法院采纳了豪旭公司的意见，判决：驳回宋某某的诉讼请求。宋某某和万禹公司不服，提起上诉。二审法院认为，本案证据能够证明豪旭公司抽逃了其认缴的9900万元的全部出资款，而且经万禹公司催告后在合理期限内仍不返还。根据《公司法解释（三）》第十七条有关股东除名的规定，股东会对拒不出资股东予以除名的，该股东对该表决事项不具有表决权。本案对于豪旭公司抽逃全部出资的行为，万禹公司已给予了合理期限的催告，并在召开股东会时通知豪旭公司的代表参加给予其申辩的权利。最后表决时豪旭公司对其是否被解除股东资格不具有表决权。万禹公司另外两名股东以100%表决权同意并通过了解除豪旭公司股东资格的决议，该决议有效。豪旭公司股东资格被解除后，万禹公司应当及时办理法定减资程序或者由其他股东或第三人缴纳相应的出资。据此，二审判决：①撤销原判；②确认万禹公司于2014年3月25日做出的股东会决议有效。

七、实务操作

（一）提供法律咨询

设立一个由 3 个股东组成的有限责任公司，请你为其准备申请设立时需要的法律文件，并为其提供法律咨询。

（二）审查、修改公司章程

【背景材料】

下面是一份有限责任公司公司章程的主要条款：

(1) 公司的名称和住所。

(2) 开办公司的宗旨和经营范围。

(3) 注册资金和投资者的出资数额。

(4) 投资者的姓名及权利义务。

(5) 投资者转让出资的条件。

(6) 利润分配和亏损承担办法。

(7) 其他。

【要求】

依照法律规定，补充欠缺条款。

第四章 合 同 法

一、实训目标

培养学生处理合同事务的基本技能。

二、实训要求

掌握合同的订立、履行、违约责任等法律知识。

三、主要知识点

(一) 重点概念

要约、承诺、缔约过失责任、表见代理、同时履行抗辩权、先诉抗辩权、不安抗辩权、代位权、撤销权、违约责任。

(二) 重点问题

(1) 合同的特征。
(2) 合同的内容与形式。
(3) 合同的履行规则。
(4) 合同终止的情形。

(三) 难点问题

(1) 缔约过失责任。
(2) 合同效力。

（3）合同法定解除的情形。

四、相关知识点法条链接与案例分析

（一）合同的订立

【法条链接】——《合同法》

1. 要约与承诺

第十四条　要约是希望和他人订立合同的意思表示，该意思表示应当符合下列规定：

（1）内容具体确定；

（2）表明经受要约人承诺，要约人即受该意思表示约束。

第十五条　要约邀请是希望他人向自己发出要约的意思表示。寄送的价目表、拍卖公告、招标公告、招股说明书、商业广告等为要约邀请。

商业广告的内容符合要约规定的，视为要约。

（《商品房买卖合同纠纷解释》第三条　商品房的销售广告和宣传资料为要约邀请，但是出卖人就商品房开发规划范围内的房屋及相关设施所作的说明和允诺具体确定，并对商品房买卖合同的订立以及房屋价格的确定有重大影响的，应当视为要约。该说明和允诺即使未载入商品房买卖合同，亦应当视为合同内容，当事人违反的，应当承担违约责任。）

第十六条　要约到达受要约人时生效。

采用数据电文形式订立合同，收件人指定特定系统接收数据电文的，该数据电文进入该特定系统的时间，视为到达时间；未指定特定系统的，该数据电文进入收件人的任何系统的首次时间，视为到达时间。

第十七条　要约可以撤回。撤回要约的通知应当在要约到达受要约人之前或者与要约同时到达受要约人。

第十八条　要约可以撤销。撤销要约的通知应当在受要约人发出承诺通知之前到达受要约人。

第十九条　有下列情形之一的，要约不得撤销：

（一）要约人确定了承诺期限或者以其他形式明示要约不可撤销；

（二）受要约人有理由认为要约是不可撤销的，并已经为履行合同作了准备工作。

第二十条　有下列情形之一的，要约失效：

（一）拒绝要约的通知到达要约人；

（二）要约人依法撤销要约；

（三）承诺期限届满，受要约人未作出承诺；

（四）受要约人对要约的内容作出实质性变更。

第二十三条　承诺应当在要约确定的期限内到达要约人。

要约没有确定承诺期限的，承诺应当依照下列规定到达：

（一）要约以对话方式作出的，应当即时作出承诺，但当事人另有约定的除外；

（二）要约以非对话方式作出的，承诺应当在合理期限内到达。

第二十五条　承诺生效时合同成立。

第二十六条　承诺通知到达要约人时生效。承诺不需要通知的，根据交易习惯或者要约的要求作出承诺的行为时生效。

采用数据电文形式订立合同的，承诺到达的时间适用本法第十六条第二款的规定。

第二十七条　承诺可以撤回。撤回承诺的通知应当在承诺通知到达要约人之前或者与承诺通知同时到达要约人。

第三十条　承诺的内容应当与要约的内容一致。受要约人对要约的内容作出实质性变更的，为新要约。有关合同标的、数量、质量、价款或者报酬、履行期限、履行地点和方式、违约责任和解决争议方法等的变更，是对要约内容的实质性变更。

第三十一条　承诺对要约的内容作出非实质性变更的，除要约人及时表示反对或者要约表明承诺不得对要约的内容作出任何变更的以外，该承诺有效，合同的内容以承诺的内容为准。

【案例】

（1）赵某、陈某两人在网上某聊天室发帖子，就一台笔记本电脑的买卖事宜进行商洽。2011年6月7日赵某称："我有笔记本电脑一台，九成新，8000元欲出手。"6月8日陈某回帖子称："东西不错。7800元可要。"赵某于6月9日回复："可以，6月14日到我这儿来。"陈某于6月11日回复："同意。"赵某于当日收到。

讨论：赵某、陈某互发的帖子中，哪些属于要约？

（2）甲公司给乙公司发出要约，要卖给乙公司50吨枣庄小枣。要约中条款齐全，乙公司表示接受，同时提出，甲公司发货时应附有产地证明书。

问题：乙公司提出的要求是实质性变更，还是非实质性变更？

2．缔约过失责任

【法条链接】——《合同法》

第四十二条 当事人在订立合同过程中有下列情形之一，给对方造成损失的，应当承担损害赔偿责任：

（一）假借订立合同，恶意进行磋商；

（二）故意隐瞒与订立合同有关的重要事实或者提供虚假情况；

（三）有其他违背诚实信用原则的行为。

第四十三条 当事人在订立合同过程中知悉的商业秘密，无论合同是否成立，不得泄露或者不正当地使用。泄露或者不正当地使用该商业秘密给对方造成损失的，应当承担损害赔偿责任。

[《合同法解释（二）》第八条 依照法律、行政法规的规定经批准或者登记才能生效的合同成立后，有义务办理申请批准或者申请登记等手续的一方当事人未按照法律规定或者合同约定办理申请批准或者未申请登记的，属于合同法第四十二条第（三）项规定的"其他违背诚实信用原则的行为"，人民法院可以根据案件的具体情况和相对人的请求，判决相对人自己办理有关手续；对方当事人对由此产生的费用和给相对人造成的实际损失，应当承担损害赔偿责任。]

（二）合同成立的时间与地点

【法条链接】——《合同法》

第三十二条 当事人采用合同书形式订立合同的，自双方当事人签字或者盖章时合同成立。

第三十三条 当事人采用信件、数据电文等形式订立合同的，可以在合同成立之前要求签订确认书。签订确认书时合同成立。

第三十四条 承诺生效的地点为合同成立的地点。

采用数据电文形式订立合同的，收件人的主营业地为合同成立的地点；没有主营业地的，其经常居住地为合同成立的地点。当事人另有约定的，按照其约定。

第三十五条 当事人采用合同书形式订立合同的，双方当事人签字或者盖章的地点为合同成立的地点。

[《合同法解释（二）》第四条 采用书面形式订立合同，合同约定的签订地与实际签字或者盖章地点不符的，人民法院应当认定约定的签订地为合同签订地；合同没有约定签订地，双方当事人签字或者盖章不在同一地点的，人民法院应当认定最后签

字或者盖章的地点为合同签订地。]

第四十四条　依法成立的合同，自成立时生效。

法律、行政法规规定应当办理批准、登记等手续生效的，依照其规定。

[《合同法解释（一）》第九条　依照合同法第四十四条第二款的规定，法律、行政法规规定合同应当办理批准手续，或者办理批准、登记等手续才生效，在一审法庭辩论终结前当事人仍未办理批准手续的，或者仍未办理批准、登记等手续的，人民法院应当认定该合同未生效；法律、行政法规规定合同应当办理登记手续，但未规定登记后生效的，当事人未办理登记手续不影响合同的效力，合同标的物所有权及其他物权不能转移。]

【案例】

A公司给B公司发出订单（要约）购买电器，B公司在回信中表示完全接受订单，但其又附了一张纸，这张纸记载了B公司提出的免责条款，A公司一看，不予理睬。B公司到期就发货，A公司认为货还不错，就收了。

【问题】

（1）A、B之间的书面合同是否成立，为什么？

（2）A、B之间的合同是否最终成立，根据是什么？

（3）如果合同成立，合同成立之时，合同成立之地为何？

（三）合同的内容

1. 格式条款

【法条链接】——《合同法》

第三十九条　采用格式条款订立合同的，提供格式条款的一方应当遵循公平原则确定当事人之间的权利和义务，并采取合理的方式提请对方注意免除或者限制其责任的条款，按照对方的要求，对该条款予以说明。

第四十一条　对格式条款的理解发生争议的，应当按通常理解予以解释。对格式条款有两种以上解释的，应当作出不利于提供格式条款一方的解释。格式条款和非格式条款不一致的，应当采用非格式条款。

[《合同法解释（二）》第六条　提供格式条款的一方对格式条款中免除或者限制其责任的内容，在合同订立时采用足以引起对方注意的文字、符号、字体等特别标识，并按照对方的要求对该格式条款予以说明的，人民法院应当认定符合合同法第三

十九条所称"采取合理的方式"。]

提供格式条款一方对已尽合理提示及说明义务承担举证责任。

2. 免责条款

【法条链接】——《合同法》

第五十三条 合同中的下列免责条款无效：

（一）造成对方人身伤害的；

（二）因故意或者重大过失造成对方财产损失的。

《消费者权益保护法》第二十六条规定，经营者以格式条款、通知、声明、店堂告示减轻、免除其责任的，内容无效。

（四）合同的效力

1. 效力待定合同

（1）限制民事行为能力人依法不能独立订立合同。

《合同法》第四十七条 限制民事行为能力人订立的合同，经法定代理人追认后，该合同有效，但纯获利益的合同或者与其年龄、智力、精神健康状况相适应而订立的合同，不必经法定代理人追认。

相对人可以催告法定代理人在一个月内予以追认。法定代理人未作表示的，视为拒绝追认。合同被追认之前，善意相对人有撤销的权利。撤销应当以通知的方式作出。

（2）无权代理人以被代理人名义订立的合同。

《合同法》第四十九条 行为人没有代理权、超越代理权或者代理权终止后以被代理人名义订立合同，相对人有理由相信行为人有代理权的，该代理行为有效。

（3）无权处分人订立的合同。

《合同法》第五十一条 无处分权的人处分他人财产，经权利人追认或者无处分权的人订立合同后取得处分权的，该合同有效。

2. 可变更、可撤销合同

《合同法》第五十四条 下列合同，当事人一方有权请求人民法院或者仲裁机构变更或者撤销：

（一）因重大误解订立的；

（二）在订立合同时显失公平的。

一方以欺诈、胁迫的手段或者乘人之危，使对方在违背真实意思的情况下订立的合同，受损害方有权请求人民法院或者仲裁机构变更或者撤销。

当事人请求变更的，人民法院或者仲裁机构不得撤销。

《合同法》第五十五条　有下列情形之一的，撤销权消灭：

（一）具有撤销权的当事人自知道或者应当知道撤销事由之日起一年内没有行使撤销权；

（二）具有撤销权的当事人知道撤销事由后明确表示或者以自己的行为放弃撤销权。

【案例】

（1）甲不久前得知——北京市政府已计划在明年将地铁修到昌平区，但该消息尚未公开。甲知地铁一旦修到昌平，昌平房价必高涨，故迫不及待从昌平房地产公司买下三套预售商品房。然而随后得知此计划取消，故称之前签订此三套房屋的买卖合同，系因重大误解所致，所以要撤销合同。

问题：甲之主张能否得到支持？

（2）甲是某镇一餐馆老板，每日需购进大量的鲜肉，镇政府是其最大顾客。乙与甲同住一镇，经营一家肉食品站，镇长丙是其兄，因甲所需的鲜肉一般从另一家肉食品站购买，乙遂请其兄帮忙，丙找甲谈话，旁敲侧击让甲从乙处购买鲜肉，甲无奈，与乙签订一年的鲜肉购买合同，而乙的价格比别处高30%，而且肉常是过期的，不久，丙调走。甲主张撤销该合同。

问题：甲的主张能否得到支持？依据是什么？

（3）甲从乙二手汽车公司购得一辆二手"别克"车，开了不到一个月，发现发动机和刹车装置有重大问题，影响到驾驶安全，遂找乙公司要求退车，乙公司不同意，甲遂以欺诈为由要求法院撤销合同。法官问甲："购买时你是否向销售员询问了该车的发动机和刹车有重大瑕疵？"甲回答说："没有。"法官说："既然你没问他，怎么说他欺诈你呢？再说了，二手车交易本身就是'一个愿打，一个愿挨'。"遂驳回了甲的请求。

问题：法官的观点能否成立？

（4）甲电器公司急需一种电器上的配件，眼下只有乙公司有这种配件，该配件平时卖10元/个，乙公司知甲急需，而且市场上断档，遂提要价至 20 元／个，甲无奈，只得以该价格购买了 2000 个。后甲公司起诉至法院，以乘人之危为由请求撤销合同。

问题：甲公司的诉求能否得到支持？

3. 无效合同

《合同法》第五十二条 有下列情形之一的，合同无效：

（一）一方以欺诈、胁迫的手段订立合同，损害国家利益；

（二）恶意串通，损害国家、集体或者第三人利益；

（三）以合法形式掩盖非法目的；

（四）损害社会公共利益；

（五）违反法律、行政法规的强制性规定。

4. 合同无效、被撤销的法律后果

《合同法》第五十八条 合同无效或者被撤销后，因该合同取得的财产，应当予以返还；不能返还或者没有必要返还的，应当折价补偿。有过错的一方应当赔偿对方因此所受到的损失，双方都有过错的，应当各自承担相应的责任。

《合同法》第五十九条 当事人恶意串通，损害国家、集体或者第三人利益的，因此取得的财产收归国家所有或者返还集体、第三人。

（五）合同的履行

1. 先履行抗辩权

《合同法》第六十七条 当事人互负债务，有先后履行顺序，先履行一方未履行的，后履行一方有权拒绝其履行要求。先履行一方履行债务不符合约定的，后履行一方有权拒绝其相应的履行要求。

【案例】

甲方 2013 年 1 月将建楼工程发包给乙方，在建设工程合同中约定：甲方负责"三通一平"（通水、通电、通路，工地上住户迁走），于 2013 年 6 月完成，乙方 2014 年 8 月交工。但甲方的"三通一平"的工作至 2013 年 9 月才完成，乙方公司此时才得以进入工地。至 2014 年 8 月，乙方不能交工。

问题：乙方是否承担违约责任？

2. 不安抗辩权

【法条链接】——《合同法》

第六十八条 应当先履行债务的当事人，有确切证据证明对方有下列情形之一的，可以中止履行：

（一）经营状况严重恶化；

（二）转移财产、抽逃资金，以逃避债务；

（三）丧失商业信誉；

（四）有丧失或者可能丧失履行债务能力的其他情形。

当事人没有确切证据中止履行的，应当承担违约责任。

第六十九条 当事人依照本法第六十八条的规定中止履行的，应当及时通知对方。对方提供适当担保时，应当恢复履行。中止履行后，对方在合理期限内未恢复履行能力并且未提供适当担保的，中止履行的一方可以解除合同。

【案例】

甲找乙画一幅肖像，约定付款后开始绘画。签订合同后，乙重病，不能持笔。

问题：甲是否可以中止付款？

3. 代位权

【法条链接】

《合同法》第七十三条 因债务人怠于行使其到期债权，对债权人造成损害的，债权人可以向人民法院请求以自己的名义代位行使债务人的债权，但该债权专属于债务人自身的除外。

代位权的行使范围以债权人的债权为限。债权人行使代位权的必要费用，由债务人负担。

《合同法解释（一）》第十五条 债权人向人民法院起诉债务人以后，又向同一人民法院对次债务人提起代位权诉讼，符合本解释第十三条的规定和《中华人民共和国民事诉讼法》第一百零八条规定的起诉条件的，应当立案受理；不符合本解释第十三条规定的，告知债权人向次债务人住所地人民法院另行起诉。

受理代位权诉讼的人民法院在债权人起诉债务人的诉讼裁决发生法律效力以前，应当依照《中华人民共和国民事诉讼法》第一百三十六条第（五）项的规定中止代位权诉讼。

《合同法解释（一）》第十六条 债权人以次债务人为被告向人民法院提起代位权诉讼，未将债务人列为第三人的，人民法院可以追加债务人为第三人。

两个或者两个以上债权人以同一次债务人为被告提起代位权诉讼的，人民法院可以合并审理。

《合同法解释（一）》第十七条　在代位权诉讼中，债权人请求人民法院对次债务人的财产采取保全措施的，应当提供相应的财产担保。

《合同法解释（一）》第十八条　在代位权诉讼中，次债务人对债务人的抗辩，可以向债权人主张。

债务人在代位权诉讼中对债权人的债权提出异议，经审查异议成立的，人民法院应当裁定驳回债权人的起诉。

《合同法解释（一）》第十九条　在代位权诉讼中，债权人胜诉的，诉讼费由次债务人负担，从实现的债权中优先支付。

《合同法解释（一）》第二十条　债权人向次债务人提起的代位权诉讼经人民法院审理后认定代位权成立的，由次债务人向债权人履行清偿义务，债权人与债务人、债务人与次债务人之间相应的债权债务关系即予消灭。

《合同法解释（一）》第二十一条　在代位权诉讼中，债权人行使代位权的请求数额超过债务人所负债务额或者超过次债务人对债务人所负债务额的，对超出部分人民法院不予支持。

《合同法解释（一）》第二十二条　债务人在代位权诉讼中，对超过债权人代位请求数额的债权部分起诉次债务人的，人民法院应当告知其向有管辖权的人民法院另行起诉。

债务人的起诉符合法定条件的，人民法院应当受理；受理债务人起诉的人民法院在代位权诉讼裁决发生法律效力以前，应当依法中止。

【案例】

（1）李某向王某催还借款2万元，宽限期届满后，王某未能归还。李某得知同村周某欠王某3万元，就向王某提出要向周某主张"代位权"，王某表示同意，并告诉了周某，李某向周某催还2万元。

问题：李某行使的是否是代位权？

（2）甲公司到乙公司索要一台机床货款280万元。乙公司表示无力偿还。乙公司所述为实。乙公司将该机床转卖给丙公司，丙公司到期不偿还货款300万元，以至乙公司无力向甲公司清偿。乙公司请甲公司直接向丙公司索债。

问题：

1）若当事人约定由甲公司以自己的名义直接向丙公司索债，可以采取的法律措施或者手段是什么？

2）如果乙公司将债权转移给甲公司或者甲公司的代位权胜诉，就移转的金额，若甲公司以自己的名义向丙公司索债不成（如丙公司赖债或者事后破产），甲公司能否反过来向乙公司索债？

4．撤销权

【法条链接】

《合同法》第七十四条　因债务人放弃其到期债权或者无偿转让财产，对债权人造成损害的，债权人可以请求人民法院撤销债务人的行为。债务人以明显不合理的低价转让财产，对债权人造成损害，并且受让人知道该情形的，债权人也可以请求人民法院撤销债务人的行为。

撤销权的行使范围以债权人的债权为限。债权人行使撤销权的必要费用，由债务人负担。

《合同法》第七十五条　撤销权自债权人知道或者应当知道撤销事由之日起一年内行使。自债务人的行为发生之日起五年内没有行使撤销权的，该撤销权消灭。

《合同法解释（一）》第二十六条　债权人行使撤销权所支付的律师代理费、差旅费等必要费用，由债务人负担；第三人有过错的，应当适当分担。

【案例】

甲方欠乙方1000万元，甲方有3000万元资产，甲方向丙方低价处分了1000万元的财产。

问题：甲方的行为能否认为是对乙方的侵害？

（六）合同的转让与终止

1．合同的转让

《合同法》第七十九条　债权人可以将合同的权利全部或者部分转让给第三人，但有下列情形之一的除外：

（一）根据合同性质不得转让；

（二）按照当事人约定不得转让；

（三）依照法律规定不得转让。

《合同法》第八十条　债权人转让权利的，应当通知债务人。未经通知，该转让对债务人不发生效力。

债权人转让权利的通知不得撤销,但经受让人同意的除外。

《合同法》第八十一条 债权人转让权利的,受让人取得与债权有关的从权利,但该从权利专属于债权人自身的除外。

《合同法》第八十四条 债务人将合同的义务全部或者部分转移给第三人的,应当经债权人同意。

《合同法》第八十六条 债务人转移义务的,新债务人应当承担与主债务有关的从债务,但该从债务专属于原债务人自身的除外。

【案例】

甲乙双方约定,甲方借给乙方 100 万元人民币,乙方除到期返还 100 万元本金外,还要给甲画一幅像充抵利息,因为乙方是著名画家。

问题:当 100 万元本金债务转移时,乙方给甲画一幅画的从债务是否发生转移?

2. 合同的终止

《合同法》第九十一条 有下列情形之一的,合同的权利义务终止:

(一)债务已经按照约定履行;

(二)合同解除;

(三)债务相互抵销;

(四)债务人依法将标的物提存;

(五)债权人免除债务;

(六)债权债务同归于一人;

(七)法律规定或者当事人约定终止的其他情形。

(1)合同的解除。

1)约定解除。

《合同法》第九十三条 当事人协商一致,可以解除合同。

当事人可以约定一方解除合同的条件。解除合同的条件成就时,解除权人可以解除合同。

2)法定解除。

《合同法》第九十四条 有下列情形之一的,当事人可以解除合同:

(一)因不可抗力致使不能实现合同目的;

(二)在履行期限届满之前,当事人一方明确表示或者以自己的行为表明不履行主要债务;

(三)当事人一方迟延履行主要债务,经催告后在合理期限内仍未履行;

（四）当事人一方迟延履行债务或者有其他违约行为致使不能实现合同目的；

（五）法律规定的其他情形。

《合同法解释（二）》第二十六条　合同成立以后客观情况发生了当事人在订立合同时无法预见的、非不可抗力造成的不属于商业风险的重大变化，继续履行合同对于一方当事人明显不公平或者不能实现合同目的，当事人请求人民法院变更或者解除合同的，人民法院应当根据公平原则，并结合案件的实际情况确定是否变更或者解除。

【案例】

甲方在乙方处订购了1万台电扇，要求4月份到货。甲方订购的1万台电扇预定在6月初上架零售。乙方到期未交货。

问题：甲方能否直接通知乙方解除合同？

（2）抵销。

1）法定抵销。

《合同法》第九十九条　当事人互负到期债务，该债务的标的物种类、品质相同的，任何一方可以将自己的债务与对方的债务抵销，但依照法律规定或者按照合同性质不得抵销的除外。

当事人主张抵销的，应当通知对方。通知自到达对方时生效。抵销不得附条件或者附期限。

2）约定抵销。

《合同法》第一百条　当事人互负债务，标的物种类、品质不相同的，经双方协商一致，也可以抵销。

（3）提存。

《合同法》第一百零一条　有下列情形之一，难以履行债务的，债务人可以将标的物提存：

（一）债权人无正当理由拒绝受领；

（二）债权人下落不明；

（三）债权人死亡未确定继承人或者丧失民事行为能力未确定监护人；

（四）法律规定的其他情形。

标的物不适于提存或者提存费用过高的，债务人依法可以拍卖或者变卖标的物，提存所得的价款。

《合同法》第一百零四条　债权人可以随时领取提存物，但债权人对债务人负有到期债务的，在债权人未履行债务或者提供担保之前，提存部门根据债务人的要求应当拒绝其领取提存物。

债权人领取提存物的权利，自提存之日起五年内不行使而消灭，提存物扣除提存费用后归国家所有。

（4）免除与混同。

《合同法》第一百零五条　债权人免除债务人部分或者全部债务的，合同的权利义务部分或者全部终止。

《合同法》第一百零六条　债权和债务同归于一人的，合同的权利义务终止，但涉及第三人利益的除外。

（七）合同的违约与救济

1. 预期违约

《合同法》第一百零八条　当事人一方明确表示或者以自己的行为表明不履行合同义务的，对方可以在履行期限届满之前要求其承担违约责任。

【案例】

2015年11月，某百货商场与某电器公司订立空调购销合同，约定由电器公司于2016年5月底交付立式空调500台给百货商场，每台价格4000元，百货商场向电器公司交付20万元定金。2016年3月，气象部门预测当年夏天将持续高温，某电器公司的立式空调被商家订购一空，而且价格上涨至每台4800元。2016年3月底，电器公司给百货商场发了信函，声称因供货能力有限，无法履约，要求取消合同。百货商场多次与其协商未果，遂于2016年4月10日诉至法院，要求解除合同，由电器公司双倍返还定金，并赔偿其利润损失。某电器公司辩称，合同未到履行期，拒绝承担违约责任。

【审判】

法院判决解除双方签订的空调购销合同，某电器公司双倍返还某百货商场定金40万元，并赔偿其经济损失15万元。

2. 实际违约

《合同法》第一百一十条　当事人一方不履行非金钱债务或者履行非金钱债务不符合约定的，对方可以要求履行，但有下列情形之一的除外：

（一）法律上或者事实上不能履行；

（二）债务的标的不适于强制履行或者履行费用过高；

（三）债权人在合理期限内未要求履行。

3. 违约责任

《合同法》第一百一十条　质量不符合约定的，应当按照当事人的约定承担违约责任。对违约责任没有约定或者约定不明确，依照本法第六十一条的规定仍不能确定的，受损害方根据标的的性质以及损失的大小，可以合理选择要求对方承担修理、更换、重作、退货、减少价款或者报酬等违约责任。

《合同法》第一百一十二条　当事人一方不履行合同义务或者履行合同义务不符合约定的，在履行义务或者采取补救措施后，对方还有其他损失的，应当赔偿损失。

《合同法》第一百一十三条　当事人一方不履行合同义务或者履行合同义务不符合约定，给对方造成损失的，损失赔偿额应当相当于因违约所造成的损失，包括合同履行后可以获得的利益，但不得超过违反合同一方订立合同时预见到或者应当预见到的因违反合同可能造成的损失。

经营者对消费者提供商品或者服务有欺诈行为的，依照《中华人民共和国消费者权益保护法》的规定承担损害赔偿责任。

4. 违约责任的归责原则

（1）严格责任原则。

《合同法》第一百零七条　当事人一方不履行合同义务或者履行合同义务不符合约定的，应当承担继续履行、采取补救措施或者赔偿损失等违约责任。

（2）过错责任原则。

《合同法》第三百零三条　在运输过程中旅客自带物品毁损、灭失，承运人有过错的，应当承担损害赔偿责任。

旅客托运的行李毁损、灭失的，适用货物运输的有关规定。

《合同法》第三百二十条　因托运人托运货物时的过错造成多式联运经营人损失的，即使托运人已经转让多式联运单据，托运人仍然应当承担损害赔偿责任。

（3）过错推定原则。

《合同法》第三百七十四条　保管期间，因保管人保管不善造成保管物毁损、灭失的，保管人应当承担损害赔偿责任，但保管是无偿的，保管人证明自己没有重大过失的，不承担损害赔偿责任。

（4）不可抗力责任承担。

《合同法》第一百一十七条　因不可抗力不能履行合同的，根据不可抗力的影响，部分或者全部免除责任，但法律另有规定的除外。当事人迟延履行后发生不可抗力的，不能免除责任。

本法所称不可抗力，是指不能预见、不能避免并不能克服的客观情况。

5. 承担违约责任的主要方式

（1）继续履行。

《合同法》第一百一十四条 当事人可以约定一方违约时应当根据违约情况向对方支付一定数额的违约金，也可以约定因违约产生的损失赔偿额的计算方法。

约定的违约金低于造成的损失的，当事人可以请求人民法院或者仲裁机构予以增加；约定的违约金过分高于造成的损失的，当事人可以请求人民法院或者仲裁机构予以适当减少。

当事人就迟延履行约定违约金的，违约方支付违约金后，还应当履行债务。

（2）补救措施。

《合同法》第一百一十一条 质量不符合约定的，应当按照当事人的约定承担违约责任。对违约责任没有约定或者约定不明确，依照本法第六十一条的规定仍不能确定的，受损害方根据标的的性质以及损失的大小，可以合理选择要求对方承担修理、更换、重作、退货、减少价款或者报酬等违约责任。

（3）赔偿损失。

《合同法》第一百一十三条 当事人一方不履行合同义务或者履行合同义务不符合约定，给对方造成损失的，损失赔偿额应当相当于因违约所造成的损失，包括合同履行后可以获得的利益，但不得超过违反合同一方订立合同时预见到或者应当预见到的因违反合同可能造成的损失。

经营者对消费者提供商品或者服务有欺诈行为的，依照《中华人民共和国消费者权益保护法》的规定承担损害赔偿责任。

《合同法》第一百一十九条 当事人一方违约后，对方应当采取适当措施防止损失的扩大；没有采取适当措施致使损失扩大的，不得就扩大的损失要求赔偿。

当事人因防止损失扩大而支出的合理费用，由违约方承担。

6. 违约责任与侵权责任的竞合

《合同法》第一百二十二条 因当事人一方的违约行为，侵害对方人身、财产权益的，受损害方有权选择依照本法要求其承担违约责任或者依照其他法律要求其承担侵权责任。

（1）根本违约的构成要件及可得利益的认定。

【案例】

乌海电业局与乌海市西川铁业有限责任公司供用电合同纠纷案［最高人民法院案号：（2009）民二终字第77号-20091113］。

【裁判摘要】

按照我国合同法的规定，根本违约是指一方的违约使另一方的订约目的不能达到，或者使其遭受重大损害。尽管西川公司拖欠2003年6月的电费，但就双方合同约定内容和实际履行情况分析，不足以认定为根本性违约。双方供用电合同对逾期交纳电费约定的民事责任是分层次以递进方式追究的，并要根据拖欠电费违约程度的不同而采用不同的违约责任追究方式。而电业局利用强势地位随意对西川公司拖欠不到一个月电费的违约行为直接采用了最严厉的停止供电措施，故电业局停止供电行为对西川公司构成根本违约。但西川公司2003年7月以后没有生产的根本原因不是电业局停止供电造成的，故不存在可得利益。

（2）违约金与损害赔偿金的并用。

【案例】

青海省大柴旦大华化工有限公司与江苏绿陵润发化工有限公司买卖合同纠纷案［最高人民法院案号：（2009）青民二初字第2号-20090420］。

【裁判摘要】

大华公司因自身的原因违约，不愿向绿陵公司履行交货的义务，应承担违约责任并赔偿给绿陵公司造成的损失。

本案上诉的焦点在于大华公司给绿陵公司的赔偿数额是否过重。原审法院以大华公司未履行的供货数量12000吨为基础，根据合同约定价格与绿陵公司从其他人处第一次购买氯化钾时的合同价格的差额，计算绿陵公司的经济损失，符合法律规定。由于绿陵公司因大华公司的违约造成的实际损失远远高于合同中约定的违约金部分，原审法院在计算损失时已经对大华公司的利益给予足够的考虑，而且大华公司在一审中明确同意，在违约金之外赔偿绿陵公司的经济损失，大华公司关于违约金与赔偿金不能并用的主张，不予支持。

（3）预期可得利益与可得利益的甄别。

【案例】

广汉市三星堆汽车客运服务有限责任公司与广汉市人民政府投资合同纠纷案［最高人民法院案号：（2009）民二终字第37号-20090711］。

【裁判摘要】

因一方当事人违约，另一方当事人提出解除合同，合同解除后的预期可得利益损失不属于赔偿之范围，而违约期间给当事人造成的损失包括可得利益，当事人可以依照《合同法》第一百一十三条的规定，主张获得赔偿。

（4）双方违约时的损害赔偿。

【案例】

佛冈县民安冶金有限公司与广东大顶矿业股份有限公司联营合同纠纷案［最高人民法院案号：（2005）民二终字第93号-20060104］。

【裁判摘要】

合同履行过程中，因双方均有过错而造成损失的，双方应在各自的过错范围内承担相应的责任。其中，任何一方承担的损害赔偿额应当相当于造成的损失。包括合同履行后可以获得的利益，但不得超过违反合同一方订立合同时已经预见到或者应当预见到的因违反合同所造成的损失。

五、习题：不定项选择

1. 2007年3月，甲公司聘用乙为业务经理，委托其负责与丙公司的业务往来。2008年4月，甲公司将乙解聘，但未收回乙所持盖有甲公司公章的空白合同书，亦未通知丙公司。同年5月，乙以甲公司业务经理的身份，持盖有甲公司公章的空白合同书，与丙公司签订了一份买卖合同。下列关于该买卖合同效力的说法中，正确的是（　　）。（2011年注册会计师全国统一考试"经济法"）

  A. 合同无效　　　　　　B. 合同效力待定
  C. 合同有效　　　　　　D. 合同可变更、可撤销

【答案】C

【解析】行为人没有代理权、超越代理权或者代理权终止后以被代理人名义订立合同，相对人有理由相信行为人有代理权的，该代理行为有效（表见代理）。在本题中，乙的行为构成表见代理，买卖合同有效。

2. 甲公司与乙公司订立货物买卖合同，约定出卖人甲公司将货物送

至丙公司，经丙公司验收合格后，乙公司应付清货款。甲公司在送货前发现丙公司已濒于破产，遂未按时送货。根据合同法律制度的规定，下列各项中，正确的是（　　）。（2011年注册会计师全国统一考试"经济法"）

A. 甲公司应向乙公司承担违约责任

B. 甲公司应向丙公司承担违约责任

C. 甲公司应向乙公司、丙公司分别承担违约责任

D. 甲公司不承担违约责任

【答案】A

【解析】当事人约定由债务人向第三人履行债务的，债务人未向第三人履行债务或者履行债务不符合约定，债务人应当向债权人承担违约责任。在本题中，濒于破产的是丙公司，而不是买受人乙公司，甲公司不享有不安抗辩权，其未按时送货的行为构成违约，应当向乙公司（买卖合同相对人）承担违约责任，而不是向丙公司承担违约责任。

3. 2011年4月24日，甲向乙发出函件称："本人欲以每吨5000元的价格出售螺纹钢100吨。如欲购买，请于5月10日前让本人知悉。"乙于4月27日收到甲的函件，并于次日回函表示愿意购买。但由于投递错误，乙的回函于5月11日方到达甲处。因已超过5月10日的最后期限，甲未再理会乙，而将钢材径自出售他人。乙要求甲履行钢材买卖合同。根据合同法律制度的规定，下列表述中，正确的是（　　）。（2012年注册会计师全国统一考试"经济法"）

A. 甲、乙之间的合同未成立，甲对乙不承担任何责任

B. 甲、乙之间的合同未成立，但乙有权要求甲赔偿信赖利益损失

C. 甲、乙之间的合同成立但未生效，甲有权以承诺迟到为由撤销要约

D. 甲、乙之间的合同成立且已生效，乙有权要求甲履行合同

【答案】D

【解析】受要约人在承诺期限内发出承诺，按照通常情况能够及时到达要约人，但因其他原因（如投递错误）致使承诺到达要约人时超过承诺期限的，为迟到承诺，除要约人及时通知受要约人因承诺超过期限不接受该承诺的以外，迟到承诺为有效承诺。在本题中，甲应当及时通知乙承诺

已经迟到且不接受，否则，甲、乙之间的合同成立且生效，乙有权要求甲依约履行。

4. 甲餐厅承接乙的婚宴。双方约定：婚宴共办酒席20桌，每桌2000元；乙先行向甲餐厅支付定金1万元；任何一方违约，均应向对方支付违约金5000元。合同订立后，乙未依约向甲支付定金。婚宴前一天，乙因故通知甲取消婚宴。甲要求乙依约支付1万元定金与5000元违约金。根据合同法律制度的规定，下列表述中，正确的是（　　）。（2012年注册会计师全国统一考试"经济法"）

A. 甲餐厅应在1万元定金与5000元违约金之间择一向乙主张，因为定金与违约金不能同时适用

B. 甲餐厅仅有权请求乙支付8000元定金，因为定金不得超过合同标的额的20%

C. 甲餐厅无权请求乙支付定金，因为乙未实际交付定金，定金条款尚未生效

D. 甲餐厅无权请求乙支付定金，因为定金额超过合同标的额的20%，定金条款无效

【答案】C

【解析】定金合同从实际交付定金之日起生效，在本题中，乙未依约向甲支付定金，定金合同未生效，乙无权要求甲承担定金责任。

5. 2011年10月8日，甲提出将其正在使用的轿车赠送给乙，乙欣然接受。10月21日，甲将车交付给乙，但未办理过户登记。交车时，乙向甲询问车况，甲称"一切正常，放心使用"。事实上，该车三天前曾出现刹车失灵，故障原因尚未查明。乙驾车回家途中，刹车再度失灵，车毁人伤。根据合同法律制度的规定，下列表述中，正确的是（　　）。（2012年注册会计师全国统一考试"经济法"）

A. 甲、乙赠与合同的成立时间是2011年10月8日

B. 双方没有办理过户登记，因此轿车所有权尚未转移

C. 甲未如实向乙告知车况，构成欺诈，因此赠与合同无效

D. 赠与合同是无偿合同，因此乙无权就车毁人伤的损失要求甲赔偿

【答案】A

【解析】

（1）选项A：赠与合同是诺成合同，自2011年10月8日双方达成赠与合意时，合同即成立。

（2）选项B：对于船舶、航空器和机动车等动产，其所有权的移转仍以"交付"为要件，而不以登记为要件。

（3）选项C：因欺诈成立的合同，不损害国家利益的，为可撤销合同，而非无效合同。

（4）选项D：赠与人故意不告知赠与财产有瑕疵或者保证无瑕疵，造成受赠人损失的，应当承担损害赔偿责任。

6. 甲欲低价购买乙收藏的一幅古画，乙不允。甲声称：若乙不售画，就公布其不雅视频，乙被迫与甲订立买卖合同。根据合同法律制度的规定，该合同的效力为（　　）。（2013年注册会计师全国统一考试"经济法"）

　　A. 无效　　　　　　　　　　B. 效力待定
　　C. 有效　　　　　　　　　　D. 可变更、可撤销

【答案】D

【解析】因胁迫而订立的合同，不损害国家利益的，属于可变更、可撤销合同；损害国家利益的，属于无效合同。

7. 甲、乙订立买卖合同，约定甲于2011年3月1日向乙供货，乙在收到货物后1个月内一次性付清全部价款。甲依约供货后，乙未付款，若甲一直未向乙主张权利，则甲对乙的付款请求权诉讼时效期间届满日为（　　）。（2013年注册会计师全国统一考试"经济法"）

　　A. 2012年4月1日　　　　　B. 2013年3月1日
　　C. 2012年3月1日　　　　　D. 2013年4月1日

【答案】D

【解析】买卖合同适用2年的普通诉讼时效期间，约定履行期限之债的诉讼时效，自履行期限届满之日（2011年4月1日）开始计算。

8. 甲、乙订立承揽合同，甲提供木料，乙为其加工家具。在乙已完成加工工作的50%时，甲通知乙解除合同。根据合同法律制度的规定，下列表述中，正确的是（　　）。（2013年注册会计师全国统一考试"经济

法")

A. 甲有权解除合同，但应按约定金额向乙支付报酬

B. 甲有权解除合同，且无须赔偿乙的损失

C. 甲有权解除合同，但应赔偿乙的损失

D. 甲无权解除合同，并应依约向乙支付报酬

【答案】C

【解析】定作人可以随时解除承揽合同，但定作人因此造成承揽人损失的，应当赔偿损失。

9. 甲公司与乙公司签订建设工程施工合同，由乙公司承建甲公司的办公楼，但乙公司并无相应的建筑施工企业资质。工程竣工后，经验收合格。根据合同法律制度的规定，下列表述中，正确的是（　　）。（2013年注册会计师全国统一考试"经济法"）

A. 合同无效，但乙公司有权请求甲公司参照合同约定的工程价款数额付款

B. 合同无效，乙公司有权请求甲公司按照合同约定的数额支付工程价款

C. 合同无效，乙公司无权请求甲公司付款

D. 合同有效，但甲公司有权撤销合同并拒付工程价款

【答案】A

【解析】①承包人未取得建筑施工企业资质或者超越资质等级的，合同无效；②合同无效，但建设工程经竣工验收合格的，承包人可以请求"参照"合同约定支付工程价款。

10. 根据合同法律制度的规定，下列关于提存的法律效果的表述中，正确的是（　　）。（2014年注册会计师全国统一考试"经济法"）

A. 标的物提存后，毁损、灭失的风险由债务人承担

B. 提存费用由债权人负担

C. 债权人提取提存物的权利，自提存之日起2年内不行使则消灭

D. 提存期间，标的物的孳息归债务人所有

【答案】B

【解析】

（1）选项 A：标的物提存后，毁损、灭失的风险由"债权人"承担。

（2）选项 C：债权人领取提存物的权利，自提存之日起"5 年内"不行使而消灭，提存物扣除提存费用后归"国家"所有。

（3）选项 D：提存期间，标的物的孳息归"债权人"所有。

11. 甲对乙享有 50000 元债权，已到清偿期限，但乙一直宣称无能力清偿欠款。甲经调查发现，乙对丁享有 3 个月后到期的 7000 元债权，戊因赌博欠乙 8000 元；另外，乙在半年前发生交通事故，因事故中的人身伤害对丙享有 10000 元债权，因事故中的财产损失对丙享有 5000 元债权。乙无其他可供执行的财产，乙对其享有的债权都怠于行使。根据《合同法》的规定，下列各项中，甲不可以代位行使的债权有（　　）。（2011 年中级会计职称考试"经济法"）

A. 乙对丁的 7000 元债权　　B. 乙对戊的 8000 元债权

C. 乙对丙的 10000 元债权　　D. 乙对丙的 5000 元债权

【答案】ABC

【解析】

（1）选项 A：如果债务人的债权未到履行期或履行期间未届满的，债权人不能行使代位权。

（2）选项 B：债务人对第三人享有合法债权，债权人才能行使代位权，赌债不属于合法债权。

（3）选项 C：专属于债务人自身的债权（如人身伤害赔偿请求权），债权人不得行使代位权。

12. 根据《合同法》的规定，下列关于不同种类违约责任相互关系的表述中，正确的有（　　）。（2011 年中级会计职称考试"经济法"）

A. 当事人就迟延履行约定违约金的，违约方支付违约金后，还应当履行债务

B. 当事人依法请求人民法院增加违约金后，又请求对方赔偿损失的，人民法院不予支持

C. 当事人既约定违约金，又约定定金的，一方违约时，对方可以同时适用违约金和定金条款

D. 当事人执行定金条款后不足以弥补所受损害的，仍可以请求赔偿损失

【答案】ABD

【解析】选项 C：当事人既约定违约金，又约定定金的，一方违约时，对方可以选择适用违约金或者定金条款，二者不能并用。

13. 甲委托乙用货车将一批水果运往 A 地，不料途中遭遇山洪，水果全部毁损。甲委托乙运输时已向乙支付运费。根据《合同法》的规定，下列关于水果损失与运费承担的表述中，正确的有（   ）。(2011 年中级会计职称考试"经济法")

  A. 乙应当赔偿因水果毁损给甲造成的损失

  B. 甲自行承担因水果毁损造成的损失

  C. 甲有权要求乙返还运费

  D. 甲无权要求乙返还运费

【答案】BC

【解析】

（1）选项 AB：承运人对运输过程中货物的毁损、灭失承担损害赔偿责任，但承运人证明货物的毁损、灭失是因不可抗力、货物本身的自然性质或者合理损耗以及托运人、收货人的过错造成的，不承担损害赔偿责任。

（2）选项 CD：货物在运输过程中因不可抗力灭失，未收取运费的，承运人不得要求支付运费；已收取运费的，托运人可以要求返还。

14. 根据《合同法》的规定，下列关于合同解除的表述中，正确的有（   ）。(2011 年中级会计职称考试"经济法")

  A. 租赁物危及承租人安全的，无论承租人订立合同时是否知道租赁物质量不合格，承租人都可以随时解除合同

  B. 承揽合同的定作人可以随时解除承揽合同

  C. 委托合同的委托人可以随时解除委托合同

  D. 委托合同的受托人可以随时解除委托合同

【答案】ABCD

【解析】

（1）选项 A：租赁物危及承租人的安全或者健康的，即使承租人订立合同时明知该租赁物质量不合格，承租人仍然可以随时解除合同。

（2）选项 B：定作人可以随时解除承揽合同，造成承揽人损失的，应当赔偿损失。

（3）选项 CD：委托人或者受托人可以随时解除委托合同，因解除合同给对方造成损失的，除不可归责于该当事人的事由以外，应当赔偿损失。

15. 陈某租住王某的房屋，租期至 2010 年 8 月。王某欠陈某 10 万元货款，应于 2010 年 7 月偿付。至 2010 年 8 月，王某尚未清偿货款，但要求收回房屋并请求陈某支付 1 万元租金。根据合同法律制度的规定，下列关于陈某的权利的表述中，不正确的有（　　）。（2012 年中级会计职称考试"经济法"）

A. 陈某可以留置该房屋作为担保

B. 陈某可以出售房屋并优先受偿

C. 陈某可以应付租金抵销 1 万元货款

D. 陈某可以行使同时履行抗辩权而不交还房屋

【答案】ABD

【解析】

（1）选项 A：留置权的行使对象仅限于动产，不包括不动产。

（2）选项 B：在陈某与王某的货款债务中，并未将王某的房屋设为担保物，陈某不享有任何优先受偿权。

（3）选项 C：当事人互负到期债务，该债务的标的物种类、品质相同的，任何一方可以将自己的债务与对方的债务抵销，但依照法律规定或者按照合同性质不得抵销的除外。

（4）选项 D：同时履行抗辩权的行使限于"同一双务合同"，在本题中，"租金"和"货款"分属两个不同的合同。

六、热点案例介绍

2015年11月21日，当天"恒大淘宝"足球队战胜阿联酋阿赫利队，夺得2015赛季亚洲冠军联赛冠军。东风日产乘用车公司在赛后第一时间发布声明，称其相关品牌广告未如约在恒大俱乐部球员比赛服胸前广告位出现，恒大俱乐部未征得该公司同意，单方面擅自取消了东风日产的赞助权益。因此，东风日产以恶意违约为由，将广州恒大告上法庭。

东风日产起诉称，2014年1月26日，东风日产与广州恒大签订"广告合同"约定，自2014年2月1日至2016年1月31日共24个月内，东风日产拥有广州恒大2014年赛季和2015年赛季主、客场比赛服唯一胸前广告权益以及其他权益，比赛包括但不限于中国足球协会超级联赛、亚洲冠军联赛、国际足联俱乐部世界杯及所有被告一线队参加的商业比赛。2015年11月21日，在亚洲冠军联赛中，广州恒大擅自将其球员比赛服胸前广告变更为"恒大人寿"，对此东风日产极为不满，请求法院判决被告赔偿原告经济损失31409516.90元并确认免除原告依"广告合同"约定的第六期2400万元付款义务。

广州市花都区人民法院受理此案后，根据被告方广州恒大的申请，对此案予以不公开审理。

庭审中，双方主要针对此案是否构成根本性违约而展开质证及辩论。

经庭审及合议庭评议，广州市花都区人民法院认为，本案被告没有按照双方合同约定在2015年11月21日的亚洲冠军联赛决赛中发布球衣胸前广告是违约行为。同时认为，虽然被告没有全面履行球衣胸前广告的合同义务，但其他大部分合同义务均已履行，被告的前述违约行为不会使双方订立合同的目的完全无法实现，不构成根本性违约。

综合双方证据及查明情况，广州市花都区人民法院做出（2015）穗花法民二初字第2034号判决，判令广州恒大赔偿东风日产经济损失24778645元。对于东风日产要求免除"广告合同"约定的第六期2400万元付款的诉讼请求则不予支持。

七、实务操作

（一）借款协议应注意哪些问题

（1）背景材料：甲拟向乙借款 10 万元，2 年后还，利息 1‰。
（2）要求：起草一份借款协议。

（二）分组讨论

A 公司与 B 公司签订买卖合同，由 A 公司卖给 B 公司一套价款为 200 万元的设备。B 公司按照约定给了 A 公司 10 万元定金。双方当事人在合同中还约定，任何一方不履行合同都要给对方 15 万元违约金。

问题：如果 A 公司不履行合同，B 公司是要求其支付违约金呢，还是要求适用定金罚则？如果 B 公司撕毁合同，A 公司是要求其支付违约金呢，还是要求适用定金罚则？

第五章 担 保 法

一、实训目标

掌握、理解担保法的基础理论和法律规定,并能在现实生活和工作中加以应用。

二、实训要求

通过实训,掌握各种担保方式的具体法律规定。

三、主要知识点

(一)重点概念

保证、抵押、质押、留置、定金、一般保证、先诉抗辩权。

(二)重点问题

(1)保证方式。
(2)抵押担保的法律规定。
(3)动产质押和权利质押中。
(4)留置权的成立条件及效力。
(5)定金罚则。

(三)难点问题

抵押权的实现。

四、相关知识点法条链接与案例分析

（一）保证责任

【法条链接】——《担保法》

第十八条 当事人在保证合同中约定保证人与债务人对债务承担连带责任的，为连带责任保证。

连带责任保证的债务人在主合同规定的债务履行期届满没有履行债务的，债权人可以要求债务人履行债务，也可以要求保证人在其保证范围内承担保证责任。

第二十一条 保证担保的范围包括主债权及利息、违约金、损害赔偿金和实现债权的费用。保证合同另有约定的，按照约定。

当事人对保证担保的范围没有约定或者约定不明确的，保证人应当对全部债务承担责任。

第二十六条 连带责任保证的保证人与债权人未约定保证期间的，债权人有权自主债务履行期届满之日起六个月内要求保证人承担保证责在合同约定的保证期间和前款规定的保证期间，债权人未要求保证人承担保证责任的，保证人免除保证责任。

【案例】

2014年11月，黄巧燕与程新华以资金周转为由向宿豫区农民资金互助合作联社（以下简称"宿豫农资联社"）申请借款。黄巧燕在宿豫农资联社出具的"社员借款申请表""客户调查表"上签名并捺印，程新华作为配偶及共同申请人亦在该份"客户调查表"上签名、捺印。

2014年11月20日，宿豫农资联社与黄巧燕、李卫东、张新、耿燕童签订"借款合同"，黄巧燕为借款人，李卫东、张新、耿燕童为担保人，程新华、高维分别作为被告黄巧燕、张新的配偶在"借款合同"上签名、捺印。

借款期限内，黄巧燕仅向宿豫农资联社支付使用费用至2014年12月20日。借款到期后，黄巧燕亦没有按照合同约定向宿豫农资联社归还借款。宿豫农资联社索款未果，因而成讼。

另查明，李卫东对宿豫农资联社向其出具的"保证人责任承诺书"上签名为黄巧燕的上述借款承担连带责任保证，但同时注明"按担保人人数平均承担责任"。在本案的审理过程中，宿豫农资联社与耿燕童、张新一致同意按照担保人的人数平均承担担保责任。而且耿燕童已按宿豫农资联社全部诉讼请求1/3的份额向宿豫农资联社承担担保责任。

（二）抵押

【法条链接】——《担保法》

第三十三条　本法所称抵押，是指债务人或者第三人不转移对本法第三十四条所列财产的占有，将该财产作为债权的担保。债务人不履行债务时，债权人有权依照本法规定以该财产折价或者以拍卖、变卖该财产的价款优先受偿。

前款规定的债务人或者第三人为抵押人，债权人为抵押权人，提供担保的财产为抵押物。

第三十四条　下列财产可以抵押：

（一）抵押人所有的房屋和其他地上定着物；

（二）抵押人所有的机器、交通运输工具和其他财产；

（三）抵押人依法有权处分的国有的土地使用权、房屋和其他地上定着物；

（四）抵押人依法有权处分的国有的机器、交通运输工具和其他财产；

（五）抵押人依法承包并经发包方同意抵押的荒山、荒沟、荒丘、荒滩等荒地的土地使用权；

（六）依法可以抵押的其他财产。

抵押人可以将前款所列财产一并抵押。

第三十七条　下列财产不得抵押：

（一）土地所有权；

（二）耕地、宅基地、自留地、自留山等集体所有的土地使用权，但本法第三十四条第（五）项、第三十六条第三款规定的除外；

（三）学校、幼儿园、医院等以公益为目的的事业单位、社会团体的教育设施、医疗卫生设施和其他社会公益设施；

（四）所有权、使用权不明或者有争议的财产；

（五）依法被查封、扣押、监管的财产；

（六）依法不得抵押的其他财产。

第三十九条　抵押合同应当包括以下内容：

（一）被担保的主债权种类、数额；

（二）债务人履行债务的期限；

（三）抵押物的名称、数量、质量、状况、所在地、所有权权属或者使用权权属；

（四）抵押担保的范围；

（五）当事人认为需要约定的其他事项。

抵押合同不完全具备前款规定内容的，可以补正。

第四十条　订立抵押合同时，抵押权人和抵押人在合同中不得约定在债务履行期届满抵押权人未受清偿时，抵押物的所有权转移为债权人所有。

第四十六条　抵押担保的范围包括主债权及利息、违约金、损害赔偿金和实现抵押权的费用。抵押合同另有约定的，按照约定。

第五十三条　债务履行期届满抵押权人未受清偿的，可以与抵押人协议以抵押物折价或者以拍卖、变卖该抵押物所得的价款受偿；协议不成的，抵押权人可以向人民法院提起诉讼。

抵押物折价或者拍卖、变卖后，其价款超过债权数额的部分归抵押人所有，不足部分由债务人清偿。

【案例】

2015年3月24日，朱新群、刘果湘夫妻与湖南宁乡农村商业银行股份有限公司老粮仓支行签订《最高额借款合同》。合同约定，朱新群、刘果湘向湖南宁乡农村商业银行股份有限公司老粮仓支行借款70000元，借款期限3年，月利率7.5791‰，按月支付利息。同日，朱新群、刘果湘与湖南宁乡农村商业银行股份有限公司老粮仓支行签订了《最高额抵押合同》，合同约定朱新群、刘果湘以登记在朱新群名下位于老粮仓镇回春堂村的房地产为他们向湖南宁乡农村商业银行股份有限公司老粮仓支行所借的上述70000元借款本息做抵押担保，并办理了抵押登记，湖南宁乡农村商业银行股份有限公司老粮仓支行取得了抵押房屋的他项权证。同日，湖南宁乡农村商业银行股份有限公司老粮仓支行向朱新群、刘果湘履行了《最高额借款合同》约定发放贷款的义务，约定该笔借款按年利率9.0949%，到期日为2016年3月24日。借款到期后，朱新群、刘果湘仅将利息支付至2016年3月31日。湖南宁乡农村商业银行股份有限公司老粮仓支行多次派员催收，但朱新群、刘果湘未能在借款到期日按时还清本息。湖南宁乡农村商业银行股份有限公司为维护自身合法权益，遂向法院起诉。

法院认为，被告朱新群、刘果湘与湖南宁乡农村商业银行股份有限公司签订《最高额借款合同》，双方对借款金额、利率标准及还款期限的约定系双方当事人真实意思的表示，被告朱新群、刘果湘与原告单位之间的金融借款合同关系成立并合法有效。被告朱新群、刘果湘未按时履行还款义务已构成违约，应依照约定承担偿还借款本息的责任，故法院对原告要求两被告偿还借款本息的诉讼请求予以支持。关于利息部分，原告要求两被告按借款合同约定的利率标准并加收罚息的方式支付利息，不违反法律规定，法院予以准许。两被告以被告朱新群名下的房屋对所借款项本息承担抵押保证责任，并办理了抵押登记手续，原告依法取得对抵押物折价或者拍卖、变卖后所得价款在上述债权范围内享有优先受偿的权利。原告请求撤回要求被告支付律师代理费以及公告费的诉讼请求，法院予以准许。

（三）质押

【法条链接】——《担保法》

第六十三条　本法所称动产质押，是指债务人或者第三人将其动产移交债权人占有，将该动产作为债权的担保。债务人不履行债务时，债权人有权依照本法规定以该动产折价或者以拍卖、变卖该动产的价款优先受偿。

前款规定的债务人或者第三人为出质人，债权人为质权人，移交的动产为质物。

第六十六条　出质人和质权人在合同中不得约定在债务履行期届满质权人未受清偿时，质物的所有权转移为质权人所有。

第六十七条　质押担保的范围包括主债权及利息、违约金、损害赔偿金、质物保管费用和实现质权的费用。质押合同另有约定的，按照约定。

第七十五条　下列权利可以质押：

（一）汇票、支票、本票、债券、存款单、仓单、提单；

（二）依法可以转让的股份、股票；

（三）依法可以转让的商标专用权，专利权、著作权中的财产权；

（四）依法可以质押的其他权利。

第七十七条　以载明兑现或者提货日期的汇票、支票、本票、债券、存款单、仓单、提单出质的，汇票、支票、本票、债券、存款单、仓单、提单兑现或者提货日期先于债务履行期的，质权人可以在债务履行期届满前兑现或者提货，并与出质人协议将兑现的价款或者提取的货物用于提前清偿所担保的债权或者向与出质人约定的第三人提存。

【案例】

2015年鹤峰县财政局委托湖北鹤峰农村商业银行股份有限公司向湖北长友现代农业股份有限公司发放鹤峰县县域经济发展调度资金借款共计4000万元，其中，2015年2月15日湖北鹤峰农村商业银行股份有限公司与湖北长友现代农业股份有限公司签订《委托贷款借款合同》，借款金额2000万元，借款期限10个月；2015年5月20日湖北鹤峰农村商业银行股份有限公司与湖北长友现代农业股份有限公司签订《委托贷款借款合同》，借款金额2000万元，借款期限7个月。湖北长友现代农业股份有限公司以上借款4000万元，由被申请人恩施长友投资实业有限公司以其持有的华新水泥（鹤峰）民族建材有限公司数额为2334万元的股权向申请人提供质押担保，并在鹤峰县工商行政管理局办理了股权质押登记。借款到期后，湖北长友现代农业股份有限公司没有按约定偿还。

2016年2月1日，申请人与湖北长友现代农业股份有限公司签订《鹤峰县县域经济发展调度资金借款续期合同》，将上述借款4000万元延期至2016年11月30日。被申请人恩施长友投资实业有限公司继续以其持有的华新水泥（鹤峰）民族建材有限公司股权为湖北长友现代农业股份有限公司向鹤峰县财政局的上述4000万元借款提供质押担保，双方于2016年2月1日签订了《股权质押协议》并于同年2月2日另行在鹤峰县工商行政管理局办理了数额为2334万元的股权质押登记。上述借款延期还款期限届满后，湖北长友现代农业股份有限公司仍未偿还，因而成讼。

法院认为，鹤峰县财政局与恩施长友投资实业有限公司签订的《股权质押协议》合法有效，双方并依法办理了数额为2334万元的股权质押登记。鹤峰县财政局自2016年2月2日起对被申请人恩施长友投资实业有限公司在华新水泥（鹤峰）民族建材有限公司数额为2334万元的股权享有质权。因湖北长友现代农业股份有限公司在《鹤峰县县域经济发展调度资金借款续期合同》约定的还款期限届满后未按期偿还借款本金。鹤峰县财政局于2016年12月16日向本院申请实现质权，法院认为鹤峰县财政局关于实现质权的申请，符合法律规定，应予准许。

（四）留置

【法条链接】——《担保法》

第八十二条　本法所称留置，是指依照本法第八十四条的规定，债权人按照合同约定占有债务人的动产，债务人不按照合同约定的期限履行债务的，债权人有权依照本法规定留置该财产，以该财产折价或者以拍卖、变卖该财产的价款优先受偿。

第八十三条　留置担保的范围包括主债权及利息、违约金、损害赔偿金、留置物保管费用和实现留置权的费用。

第八十四条　因保管合同、运输合同、加工承揽合同发生的债权，债务人不履行债务的，债权人有留置权。

法律规定可以留置的其他合同，适用前款规定。

当事人可以在合同中约定不得留置的物。

第八十七条　债权人与债务人应当在合同中约定，债权人留置财产后，债务人应当在不少于两个月的期限内履行债务。债权人与债务人在合同中未约定的，债权人留置债务人财产后，应当确定两个月以上的期限，通知债务人在该期限内履行债务。

债务人逾期仍不履行的，债权人可以与债务人协议以留置物折价，也可以依法拍卖、变卖留置物。

留置物折价或者拍卖、变卖后，其价款超过债权数额的部分归债务人所有，不足部分由债务人清偿。

【案例】

2013年11月25日，金阳公司与案外人怡富公司签订代理进口协议，约定怡富公司委托金阳公司进口印度尼西亚产红土镍矿40000（+/-10%）吨，金阳公司按照怡富公司同意的进口商品合同条款签署进口合同，并在收到怡富公司支付的保证金后，对外开立即期信用证。金阳公司应协助怡富公司办理受托商品进口的有关审批、通关和提货手续。在怡富公司支付金阳公司全部货款前，货物的所有权归金阳公司所有。当怡富公司支付全部货款后，金阳公司将货权转移给怡富公司。2013年11月30日，金阳公司作为买方与红叶公司签订了40000（+/-10%）吨印度尼西亚产红土镍矿的货物买卖合同，其中第4条约定货物价格53美元/湿公吨，CFR（成本加运费）中国主要港口，付款方式为即期信用证付款；第5条约定金阳公司在货物备妥后应首先支付1060000美元，剩余款项应凭红叶公司指示的汇票在提单日后21天内提交提单及单证后支付。

古瑞发公司系"ARFIXXXX"轮的船舶所有人。2013年11月29日，红叶公司（承租人）和古瑞发公司（出租人）签订租船合同，约定红叶公司租用"ARFIXXXX"轮以装运"至少42000公吨无害散装镍矿"，运费为每吨19美元，装港为印度尼西亚的North Kolaka，卸港为中国连云港，受载期为2013年12月4—6日，滞期费率为每天12000美元，不足一天按比例计算。合同约定运费应在签订合同后支付100000美元，剩余运费在船到卸港前支付。合同约定的放货条件为仅在提供正本提单后放货，如果因提单延误导致无法在卸货港出示正本提单，船东将凭租船人或收货人根据船东的保赔协会出具的保函卸载全部货物。

2013年12月27日，古瑞发公司签发了编号为BTP-XXX/XX/01/2013的清洁已装船提单。提单上载明托运人为红叶公司，收货人凭指示，承运船舶为"ARFIXXXX"轮，货物为32509湿吨镍矿，装港为Olo-Oloho, North Klaka，卸港为中国连云港，运费预付，落款签单人一栏载明代表"ARFIXXXX"轮船长签发，盖有古瑞发公司印章。提单载明"与租船合同一起使用"，并记载"运费根据租船合同支付，日期为2013年11月29日的租船合同的所有条款、条件和例外规定都是本提单的组成部分，包括仲裁条款"。

金阳公司通过信用证议付取得了涉案货物的全套正本提单。2014年1月，"ARFIXXXX"轮船抵达连云港，涉案货物被卸下船后存放于连云港。金阳公司已办妥涉案货物的清关手续，根据金阳公司提交的进口货物报关单记载，该批货物为32509吨的红土镍矿，收货单位为金阳公司，成交方式为CFR。此后，金阳公司向古瑞发公司的卸港代理人联合公司出具正本提单要求提货。2014年3月1日，古瑞发公司声明确认，联合公司为其在卸港的代理，联合公司依照古瑞发公司的指示，行使了对提单号为BTP-XXX/XX/01/2013下货物的留置权。古瑞发公司至今未向金阳公司交付涉案货物。

法院判决：①古瑞发公司应于判决生效之日起10日内向金阳公司交付编号为BTP-XXX/XX/01/2013提单项下的32509吨红土镍矿。古瑞发公司未能履行上述货物交付义务的，应赔偿金阳公司货物损失1722977美元；②对金阳公司其他诉讼请求不予支持。本案一审案件受理费人民币85113元，由古瑞发公司负担。

（五）定金

【法条链接】——《担保法》

第八十九条　当事人可以约定一方向对方给付定金作为债权的担保。债务人履行债务后，定金应当抵作价款或者收回。给付定金的一方不履行约定的债务的，无权要求返还定金；收受定金的一方不履行约定的债务的，应当双倍返还定金。

第九十条　定金应当以书面形式约定。当事人在定金合同中应当约定交付定金的期限。定金合同从实际交付定金之日起生效。

第九十一条　定金的数额由当事人约定，但不得超过主合同标的额的百分之二十。

【案例】

吴某在其全国各地设立的房地产经纪公司已出现巨额亏损的情况下，于2013年7月注册成立张家口锦麟房地产经纪有限公司并由银川公司总部统一管理。陈琦琦任锦麟公司总经理，郭晓鸿任业务经理和经营门店负责人。2014年1月16日，锦麟公司因注册成立后未到建设主管部门备案及未开设客户交易结算资金专用存款账户而被张家口市住房和城乡建设局行政处罚。锦麟公司在房屋买卖中介业务中，通过承诺对没有房屋所有权证的房屋可以办理产权过户和二手房按揭贷款，对有房屋所有权证的房屋可在承诺期限内办理更名过户或贷款等手段，与客户签订合同并收取定金、首付款等费用；在房屋租赁中介业务中，有履行能力而拒不履行合同义务。除日常运营费用外，该公司将所收各项费用全部按照银川总部要求汇入吴某1个人的账户或其指定账户，用于弥补总公司的相关损失。截至2014年9月，锦麟公司尚欠160名受害人房屋买卖或租赁的定金、首付款、租金、押金等合计2129.523万元无法归还。2014年9月5日，陈琦琦、郭晓鸿主动到公安机关投案。

法院认为，锦麟房地产经纪有限公司在订立履行房屋买卖和租赁居间合同过程中，虚构事实、隐瞒真相、虚假承诺，骗取多人钱款，数额特别巨大，案发后不能偿还，其行为已构成合同诈骗罪。陈琦琦系锦麟公司总经理，郭晓鸿系锦麟公司业务经理和门店负责人，二人在履行职务过程中，明知无证房屋不能办理贷款和过户，仍授意和要求业务人员盲目执行公司总部决定，最终造成 2000 余万元款项不能偿还，二人的行为亦构成合同诈骗罪。陈琦琦是单位犯罪中的直接责任人员，系主犯，有自首情节，依法可从轻处罚。郭晓鸿是单位犯罪中的其他直接责任人员，系从犯，有自首情节，依法可减轻处罚。

五、习题：不定项选择

1. 甲向乙借款，为担保债务履行，将一辆汽车出质给乙。乙不慎将汽车损坏。根据物权及合同法律制度的规定，下列表述中，正确的是（　　）。(2013 年注册会计师全国统一考试"经济法")

　　A. 甲有权拒绝归还借款并要求乙赔偿损失

　　B. 甲有权要求解除质押合同

　　C. 甲有权要求乙立即赔偿损失，或者在借款到期时在损失赔偿范围内相应抵销其对乙所负的债务

　　D. 甲有权要求延期还款

【答案】C

2. 根据物权法律制度的规定，以下列权利出质时，质权自权利凭证交付时设立的是（　　）。(2014 年注册会计师全国统一考试"经济法")

　　A. 仓单　　　　B. 基金份额　　　C. 应收账款　　　D. 股票

【答案】A

3. 根据《物权法》的规定，下列债务人有权处分的权利中，不能用以设定权利质押的是（　　）。(2010 年中级会计职称考试"经济法")

　　A. 可以转让的股权　　　　　B. 应收账款

　　C. 土地承包经营权　　　　　D. 存款单

【答案】C

4. 张某遗失的名表被李某拾得。1 年后，李某将该表卖给了王某。再过 1 年，王某将该表卖给了郑某。郑某将该表交给不知情的朱某维修，因郑某不付维修费与朱某发生争执，张某方知原委。下列哪一表述是正确

的？（   ）

　　A．张某可请求李某返还手表　　B．张某可请求王某返还手表

　　C．张某可请求郑某返还手表　　D．张某可请求朱某返还手表

【答案】D

5．甲企业向乙银行申请贷款，还款日期为2013年12月30日。丙企业为该债务提供保证担保，但未约定保证方式和保证期间。后甲企业申请展期，与乙银行就还款期限做了变更，还款期限延至2014年12月30日，但未征得丙企业的书面同意。展期到期，甲企业无力还款，乙银行遂要求丙企业承担保证责任。根据担保法律制度的规定，下列关于丙企业是否承担保证责任的表述中，正确的是（   ）。（2015年中级会计职称考试"经济法基础"）

　　A．不承担，因为保证期间已过

　　B．应承担，因为保证合同有效

　　C．应承担，因为丙企业为连带责任保证人

　　D．不承担，因为丙企业的保证责任因还款期限的变更而消灭

【答案】A

6．6月6日，丙向甲借用劳力士手表，约定6月10日归还。6月7日，甲向乙借款5万元，并以该劳力士手表出质担保。双方在书面质押合同中约定，若甲届时不能清偿债务，则手表归乙所有。6月8日，甲通知丙于借用期满后直接将手表交给乙。根据物权法律制度的规定，下列表述中，正确的有（   ）。（2012年注册会计师全国统一考试"经济法"）

　　A．乙的质权设立于6月7日

　　B．乙的质权设立于6月8日

　　C．若甲届时不能清偿对乙债务，乙依约直接取得手表所有权

　　D．若甲届时不能清偿对乙债务，乙有权就手表变价，并以变价所得优先受偿

【答案】BD

7．根据物权法律制度的规定，以下列权利出质的，质权自交付权利凭证时设立的有（   ）。（2015年中级会计职称考试"经济法"）

　　A．基金份额　　　　　　　　　　B．注册商标专用权

C. 仓单　　　　　　　　D. 存款单

【答案】CD

六、热点案例分析

牛建奎担任金厦市市长（或书记）后，根据该市的资源、区位以及文化优势，主张紧紧抓住西部大开发的历史机遇，大胆引进外资，发展经济。这一主张得到了市委、市政府的肯定，于是，提倡和鼓励引进外资，开创全市对外开放新局面成为全市经济工作中的一个突破口。该市的金沙药业公司为更多地占领市场份额，二期技改工程缺乏大笔资金，经多方努力，1000万美元的外资有望引进。引资心切，前景看好，又符合市委意图，应外商要求，牛市长、市财政局局长遂在担保书上签字盖章。药业公司引进这笔资金后，二期技改工程顺利竣工。商场就是战场，不料，周边省市的新药产品捷足先登，迅速挤占了金沙药业的市场份额，眼看合同期到，药业公司在偿还了外商700万美元后，再无力偿还剩余的360万美元（含利息）。于是，外商将金厦市政府（或市委）、市财政局以及金沙药业推上了被告席。

思考：企业融资，政府（市委）该不该担保？为什么？政府（市委）为企业融资进行担保该不该负责？为什么？

【案例分析】

积极引进外资，振兴当地经济无可非议，但在市场经济条件下，政府（市委）决不可随意对企业行为大包大揽，以致产生不良后果，有损政府（市委）形象。市场经济是法制经济，政府（市委）既然为企业融资担保，就等于承担了企业融资的风险。政府官员要严格依法行政，转变职能，真正实现政企分开；政府官员要努力学习涉外经济知识，尽量回避引资风险，努力营造引资的良好环境；政府官员应克服心浮气躁、急功近利的心理，严格按国家有关法律法规来规范自己的行为。

七、实务操作

模拟经济社会中的经济行为,分组操作,不同组别分别担任所有权人、抵押人、质押人、留置权人、保证人等角色,对该角色所有的权利进行更深入的了解和应用。

第六章 证 券 法

一、实训目标

理解、掌握证券法的各项法律规定,并运用所学知识处理证券相关的经济事务。

二、实训要求

通过案例、法律解读,掌握证券法的各项法律规定并能运用。

三、主要知识点

(一)概念

证券、股票证、证券发行市场、证券公司、证券发行、证券交易、上市公司收购。

(二)重点问题

(1)证券交易所的交易规则。
(2)证券发行的分类。
(3)股票发行法律制度。
(4)公司债券发行法律制度。

(三)难点问题

(1)禁止的证券交易行为。
(2)短线交易与上市公司。

(3) 上市公司收购的程序和规则。

四、相关知识点与案例分析

(一) 证券法概述

【法条链接】——《证券法》

第二条 在中华人民共和国境内，股票、公司债券和国务院依法认定的其他证券的发行和交易，适用本法；本法未规定的，适用《中华人民共和国公司法》和其他法律、行政法规的规定。

政府债券、证券投资基金份额的上市交易，适用本法；其他法律、行政法规另有规定的，适用其规定。

证券衍生品种发行、交易的管理办法，由国务院依照本法的原则规定。

第六条 证券业和银行业、信托业、保险业实行分业经营、分业管理，证券公司与银行、信托、保险业务机构分别设立。国家另有规定的除外。

第七条 国务院证券监督管理机构依法对全国证券市场实行集中统一监督管理。

国务院证券监督管理机构根据需要可以设立派出机构，按照授权履行监督管理职责。

第八条 在国家对证券发行、交易活动实行集中统一监督管理的前提下，依法设立证券业协会，实行自律性管理。

第九条 国家审计机关依法对证券交易所、证券公司、证券登记结算机构、证券监督管理机构进行审计监督。

(二) 证券发行

【法条链接】——《证券法》

第十条 公开发行证券，必须符合法律、行政法规规定的条件，并依法报经国务院证券监督管理机构或者国务院授权的部门核准；未经依法核准，任何单位和个人不得公开发行证券。

有下列情形之一的，为公开发行：

(一) 向不特定对象发行证券的；

(二) 向特定对象发行证券累计超过二百人的；

（三）法律、行政法规规定的其他发行行为。

非公开发行证券，不得采用广告、公开劝诱和变相公开方式。

第十二条　设立股份有限公司公开发行股票，应当符合《中华人民共和国公司法》规定的条件和经国务院批准的国务院证券监督管理机构规定的其他条件，向国务院证券监督管理机构报送募股申请和下列文件：

（一）公司章程；

（二）发起人协议；

（三）发起人姓名或者名称，发起人认购的股份数、出资种类及验资证明；

（四）招股说明书；

（五）代收股款银行的名称及地址；

（六）承销机构名称及有关的协议。

依照本法规定聘请保荐人的，还应当报送保荐人出具的发行保荐书。

法律、行政法规规定设立公司必须报经批准的，还应当提交相应的批准文件。

第十三条　公司公开发行新股，应当符合下列条件：

（一）具备健全且运行良好的组织机构；

（二）具有持续盈利能力，财务状况良好；

（三）最近三年财务会计文件无虚假记载，无其他重大违法行为；

（四）经国务院批准的国务院证券监督管理机构规定的其他条件。

上市公司非公开发行新股，应当符合经国务院批准的国务院证券监督管理机构规定的条件，并报国务院证券监督管理机构核准。

第十四条　公司公开发行新股，应当向国务院证券监督管理机构报送募股申请和下列文件：

（一）公司营业执照；

（二）公司章程；

（三）股东大会决议；

（四）招股说明书；

（五）财务会计报告；

（六）代收股款银行的名称及地址；

（七）承销机构名称及有关的协议。

依照本法规定聘请保荐人的，还应当报送保荐人出具的发行保荐书。

第十五条　公司对公开发行股票所募集资金，必须按照招股说明书所列资金用途使用。改变招股说明书所列资金用途，必须经股东大会作出决议。擅自改变用途而未作纠正的，或者未经股东大会认可的，不得公开发行新股。

第十六条 公开发行公司债券，应当符合下列条件：

（一）股份有限公司的净资产不低于人民币三千万元，有限责任公司的净资产不低于人民币六千万元；

（二）累计债券余额不超过公司净资产的百分之四十；

（三）最近三年平均可分配利润足以支付公司债券一年的利息；

（四）筹集的资金投向符合国家产业政策；

（五）债券的利率不超过国务院限定的利率水平；

（六）国务院规定的其他条件。

公开发行公司债券筹集的资金，必须用于核准的用途，不得用于弥补亏损和非生产性支出。

上市公司发行可转换为股票的公司债券，除应当符合第一款规定的条件外，还应当符合本法关于公开发行股票的条件，并报国务院证券监督管理机构核准。

第十七条 申请公开发行公司债券，应当向国务院授权的部门或者国务院证券监督管理机构报送下列文件：

（一）公司营业执照；

（二）公司章程；

（三）公司债券募集办法；

（四）资产评估报告和验资报告；

（五）国务院授权的部门或者国务院证券监督管理机构规定的其他文件。

依照本法规定聘请保荐人的，还应当报送保荐人出具的发行保荐书。

第十八条 有下列情形之一的，不得再次公开发行公司债券：

（一）前一次公开发行的公司债券尚未募足；

（二）对已公开发行的公司债券或者其他债务有违约或者延迟支付本息的事实，仍处于继续状态；

（三）违反本法规定，改变公开发行公司债券所募资金的用途。

第三十条 证券公司承销证券，应当同发行人签订代销或者包销协议，载明下列事项：

（一）当事人的名称、住所及法定代表人姓名；

（二）代销、包销证券的种类、数量、金额及发行价格；

（三）代销、包销的期限及起止日期；

（四）代销、包销的付款方式及日期；

（五）代销、包销的费用和结算办法；

（六）违约责任；

（七）国务院证券监督管理机构规定的其他事项。

第三十一条　证券公司承销证券，应当对公开发行募集文件的真实性、准确性、完整性进行核查；发现有虚假记载、误导性陈述或者重大遗漏的，不得进行销售活动；已经销售的，必须立即停止销售活动，并采取纠正措施。

第三十二条　向不特定对象发行的证券票面总值超过人民币五千万元的，应当由承销团承销。承销团应当由主承销和参与承销的证券公司组成。

第三十三条　证券的代销、包销期限最长不得超过九十日。

证券公司在代销、包销期内，对所代销、包销的证券应当保证先行出售给认购人，证券公司不得为本公司预留所代销的证券和预先购入并留存所包销的证券。

第三十四条　股票发行采取溢价发行的，其发行价格由发行人与承销的证券公司协商确定。

第三十五条　股票发行采用代销方式，代销期限届满，向投资者出售的股票数量未达到拟公开发行股票数量百分之七十的，为发行失败。发行人应当按照发行价并加算银行同期存款利息返还股票认购人。

第三十六条　公开发行股票，代销、包销期限届满，发行人应当在规定的期限内将股票发行情况报国务院证券监督管理机构备案。

（三）证券上市

【法条链接】——《证券法》

第五十条　股份有限公司申请股票上市，应当符合下列条件：

（一）股票经国务院证券监督管理机构核准已公开发行；

（二）公司股本总额不少于人民币三千万元；

（三）公开发行的股份达到公司股份总数的百分之二十五以上；公司股本总额超过人民币四亿元的，公开发行股份的比例为百分之十以上；

（四）公司最近三年无重大违法行为，财务会计报告无虚假记载。

证券交易所可以规定高于前款规定的上市条件，并报国务院证券监督管理机构批准。

第五十二条　申请股票上市交易，应当向证券交易所报送下列文件：

（一）上市报告书；

（二）申请股票上市的股东大会决议；

（三）公司章程；

（四）公司营业执照；

（五）依法经会计师事务所审计的公司最近三年的财务会计报告；

（六）法律意见书和上市保荐书；

（七）最近一次的招股说明书；

（八）证券交易所上市规则规定的其他文件。

第五十三条　股票上市交易申请经证券交易所审核同意后，签订上市协议的公司应当在规定的期限内公告股票上市的有关文件，并将该文件置备于指定场所供公众查阅。

第五十四条　签订上市协议的公司除公告前条规定的文件外，还应当公告下列事项：

（一）股票获准在证券交易所交易的日期；

（二）持有公司股份最多的前十名股东的名单和持股数额；

（三）公司的实际控制人；

（四）董事、监事、高级管理人员的姓名及其持有本公司股票和债券的情况。

第五十五条　上市公司有下列情形之一的，由证券交易所决定暂停其股票上市交易：

（一）公司股本总额、股权分布等发生变化不再具备上市条件；

（二）公司不按照规定公开其财务状况，或者对财务会计报告作虚假记载，可能误导投资者；

（三）公司有重大违法行为；

（四）公司最近三年连续亏损；

（五）证券交易所上市规则规定的其他情形。

第五十六条　上市公司有下列情形之一的，由证券交易所决定终止其股票上市交易：

（一）公司股本总额、股权分布等发生变化不再具备上市条件，在证券交易所规定的期限内仍不能达到上市条件；

（二）公司不按照规定公开其财务状况，或者对财务会计报告作虚假记载，且拒绝纠正；

（三）公司最近三年连续亏损，在其后一个年度内未能恢复盈利；

（四）公司解散或者被宣告破产；

（五）证券交易所上市规则规定的其他情形。

第五十七条 公司申请公司债券上市交易,应当符合下列条件:

(一)公司债券的期限为一年以上;

(二)公司债券实际发行额不少于人民币五千万元;

(三)公司申请债券上市时仍符合法定的公司债券发行条件。

第五十八条 申请公司债券上市交易,应当向证券交易所报送下列文件:

(一)上市报告书;

(二)申请公司债券上市的董事会决议;

(三)公司章程;

(四)公司营业执照;

(五)公司债券募集办法;

(六)公司债券的实际发行数额;

(七)证券交易所上市规则规定的其他文件。

申请可转换为股票的公司债券上市交易,还应当报送保荐人出具的上市保荐书。

第五十九条 公司债券上市交易申请经证券交易所审核同意后,签订上市协议的公司应当在规定的期限内公告公司债券上市文件及有关文件,并将其申请文件置备于指定场所供公众查阅。

第六十条 公司债券上市交易后,公司有下列情形之一的,由证券交易所决定暂停其公司债券上市交易:

(一)公司有重大违法行为;

(二)公司情况发生重大变化不符合公司债券上市条件;

(三)发行公司债券所募集的资金不按照核准的用途使用;

(四)未按照公司债券募集办法履行义务;

(五)公司最近二年连续亏损。

第六十一条 公司有前条第(一)项、第(四)项所列情形之一经查实后果严重的,或者有前条第(二)项、第(三)项、第(五)项所列情形之一,在限期内未能消除的,由证券交易所决定终止其公司债券上市交易。

公司解散或者被宣告破产的,由证券交易所终止其公司债券上市交易。

第六十二条 对证券交易所所作出的不予上市、暂停上市、终止上市决定不服的,可以向证券交易所设立的复核机构申请复核。

（四）禁止和限制的证券交易行为的内容

【法条链接】——《证券法》

第四十三条 证券交易所、证券公司和证券登记结算机构的从业人员、证券监督管理机构的工作人员以及法律、行政法规禁止参与股票交易的其他人员，在任期或者法定限期内，不得直接或者以化名、借他人名义持有、买卖股票，也不得收受他人赠送的股票。

任何人在成为前款所列人员时，其原已持有的股票，必须依法转让。

第四十五条 为股票发行出具审计报告、资产评估报告或者法律意见书等文件的证券服务机构和人员，在该股票承销期内和期满后六个月内，不得买卖该种股票。

除前款规定外，为上市公司出具审计报告、资产评估报告或者法律意见书等文件的证券服务机构和人员，自接受上市公司委托之日起至上述文件公开后五日内，不得买卖该种股票。

第四十七条 上市公司董事、监事、高级管理人员、持有上市公司股份百分之五以上的股东，将其持有的该公司的股票在买入后六个月内卖出，或者在卖出后六个月内又买入，由此所得收益归该公司所有，公司董事会应当收回其所得收益。但是，证券公司因包销购入售后剩余股票而持有百分之五以上股份的，卖出该股票不受六个月时间限制。

公司董事会不按照前款规定执行的，股东有权要求董事会在三十日内执行。公司董事会未在上述期限内执行的，股东有权为了公司的利益以自己的名义直接向人民法院提起诉讼。

公司董事会不按照第一款的规定执行的，负有责任的董事依法承担连带责任。

【案例】

何某是某上市公司的打字员。2015年11月，何某在接受一份文件打印任务时，获知本公司与某银行发生重大的经济纠纷，本公司用以抵押的办公楼可能将被法院强制拍卖，卖价评估为5亿元，占本公司固定资产比例的35%。何某于是将自己持有的股票1000股脱手，获取股利12万元。另外，何某还将此事告知其好友廖某，廖某也脱手卖出自己的股票。2016年5月，何某又获知乙公司将收购本公司部分股票，于是又低价买进本公司股票1000股，2016年10月，其卖出该1000股，又获利10万元。

【问题】

何某的行为是什么性质的行为？试述该种行为的定义并指出何某属于该行为主体中的哪一种。

【解答】

何某行为的性质是内幕交易。所谓内幕交易是指，证券交易内幕信息的知情人和非法获取内幕信息的人，在内幕信息公开前，买卖该公司的证券，或者泄露该信息，或者建议他人买卖该证券。何某属于该行为主体的第四种：由于所任公司职务可以获取公司有关内幕信息的人员。何某作为其任职公司内幕信息的知情人，在内幕信息公开前，买卖该公司的证券，并且将信息泄露给廖某，其行为是为《证券法》所禁止的内幕交易。

（五）上市公司收购

【法条链接】——《证券法》

第八十六条 通过证券交易所的证券交易，投资者持有或者通过协议、其他安排与他人共同持有一个上市公司已发行的股份达到百分之五时，应当在该事实发生之日起三日内，向国务院证券监督管理机构、证券交易所作出书面报告，通知该上市公司，并予公告；在上述期限内，不得再行买卖该上市公司的股票。

投资者持有或者通过协议、其他安排与他人共同持有一个上市公司已发行的股份达到百分之五后，其所持该上市公司已发行的股份比例每增加或者减少百分之五，应当依照前款规定进行报告和公告。在报告期限内和作出报告、公告后二日内，不得再行买卖该上市公司的股票。

第八十七条 依照前条规定所作的书面报告和公告，应当包括下列内容：

（一）持股人的名称、住所；

（二）持有的股票的名称、数额；

（三）持股达到法定比例或者持股增减变化达到法定比例的日期。

第八十八条 通过证券交易所的证券交易，投资者持有或者通过协议、其他安排与他人共同持有一个上市公司已发行的股份达到百分之三十时，继续进行收购的，应当依法向该上市公司所有股东发出收购上市公司全部或者部分股份的要约。

收购上市公司部分股份的收购要约应当约定，被收购公司股东承诺出售的股份数额超过预定收购的股份数额的，收购人按比例进行收购。

第八十九条 依照前条规定发出收购要约，收购人必须公告上市公司收购报告书，并载明下列事项：

（一）收购人的名称、住所；

（二）收购人关于收购的决定；

（三）被收购的上市公司名称；

（四）收购目的；

（五）收购股份的详细名称和预定收购的股份数额；

（六）收购期限、收购价格；

（七）收购所需资金额及资金保证；

（八）公告上市公司收购报告书时持有被收购公司股份数占该公司已发行的股份总数的比例。

第九十条 收购要约约定的收购期限不得少于三十日，并不得超过六十日。

第九十一条 在收购要约确定的承诺期限内，收购人不得撤销其收购要约。收购人需要变更收购要约的，必须及时公告，载明具体变更事项。

第九十二条 收购要约提出的各项收购条件，适用于被收购公司的所有股东。

第九十三条 采取要约收购方式的，收购人在收购期限内，不得卖出被收购公司的股票，也不得采取要约规定以外的形式和超出要约的条件买入被收购公司的股票。

第九十四条 采取协议收购方式的，收购人可以依照法律、行政法规的规定同被收购公司的股东以协议方式进行股份转让。

以协议方式收购上市公司时，达成协议后，收购人必须在三日内将该收购协议向国务院证券监督管理机构及证券交易所作出书面报告，并予公告。在公告前不得履行收购协议。

第九十五条 采取协议收购方式的，协议双方可以临时委托证券登记结算机构保管协议转让的股票，并将资金存放于指定的银行。

第九十六条 采取协议收购方式的，收购人收购或者通过协议、其他安排与他人共同收购一个上市公司已发行的股份达到百分之三十时，继续进行收购的，应当向该上市公司所有股东发出收购上市公司全部或者部分股份的要约。但是，经国务院证券监督管理机构免除发出要约的除外。

收购人依照前款规定以要约方式收购上市公司股份，应当遵守本法第八十九条至第九十三条的规定。

第九十七条 收购期限届满，被收购公司股权分布不符合上市条件的，该上市公司的股票应当由证券交易所依法终止上市交易；其余仍持有被收购公司股票的股东，有权向收购人以收购要约的同等条件出售其股票，收购人应当收购。

收购行为完成后,被收购公司不再具备股份有限公司条件的,应当依法变更企业形式。

第九十八条　在上市公司收购中,收购人持有的被收购的上市公司的股票,在收购行为完成后的十二个月内不得转让。

第九十九条　收购行为完成后,收购人与被收购公司合并,并将该公司解散的,被解散公司的原有股票由收购人依法更换。

第一百条　收购行为完成后,收购人应当在十五日内将收购情况报告国务院证券监督管理机构和证券交易所,并予公告。

第一百零一条　收购上市公司中由国家授权投资的机构持有的股份,应当按照国务院的规定,经有关主管部门批准。

国务院证券监督管理机构应当依照本法的原则制定上市公司收购的具体办法。

【案例】

A公司于2016年1月21日至2016年2月27日期间,通过证券交易所大量买进B公司股票,截至2016年2月27日,A公司共计持有B公司股票7345566股,占该只股票总股本的7.08%。但是,A公司对上述事实未向中国证券监督管理委员会(以下简称"证监会")和证券交易所做出书面报告,未通知B公司也未进行公告,并且没有停止对B公司股票的买入。

【问题】

(1) A公司是否存在违规行为?

(2) 如果A公司通过证券交易所的交易,持有了B公司的已发行股份的30%时仍继续进行收购,A公司应采取什么措施?

【解答】

(1) A公司存在违规行为。A公司持有B公司5%的股份时,应当在该事实发生后的3个工作日内,向中国证监会和证券交易所做出书面报告,通知B公司,并予以公告。在上述期限内,A公司不得再行买卖B公司的股票。而事实上,A公司并没有这样做。

(2) 当A公司持有B公司30%的股份时,应当依法向B公司所有股东发出收购上市公司全部或者部分股份的要约。

四、习题：不定项选择

1. 甲上市公司拟非公开发行股票，其发行方案的下列内容中，符合证券法律制度规定的是（　　）。（2011年注册会计师全国统一考试"经济法"）

   A. 本次非公开发行股票的对象为20名机构投资者

   B. 本次非公开发行股票的对象中包括乙信托公司管理的一个集合资金信托计划

   C. 本次非公开发行股票的发行价格，不得低于定价基准日前20个交易日公司股票均价的90%

   D. 投资者在本次非公开发行中认购的股份，自发行结束之日起3个月内不得转让

   【答案】C

2. 下列关于招股说明书中引用的财务报表的有效期的表述中，符合证券法律制度规定的是（　　）。（2012年注册会计师全国统一考试"经济法"）

   A. 招股说明书中引用的财务报表在其最近一期截止日后3个月内有效。特别情况下发行人可申请适当延长，但至多不超过1个月

   B. 招股说明书中引用的财务报表在其最近一期截止日后3个月内有效。特别情况下发行人可申请适当延长，但至多不超过6个月

   C. 招股说明书中引用的财务报表在其最近一期截止日后6个月内有效。特别情况下发行人可申请适当延长，但至多不超过1个月

   D. 招股说明书中引用的财务报表在其最近一期截止日后6个月内有效。特别情况下发行人可申请适当延长，但至多不超过3个月

   【答案】C

3. 根据企业国有资产法律制度的规定，下列资产评估方法中，主要适用于企业停业和破产时国有资产评估的是（　　）。（2012年注册会计师全国统一考试"经济法"）

   A. 收益现值法　　　　　　　　B. 清算价格法

C. 现行市价法　　　　　　D. 重置成本法

【答案】B

4. 下列关于上市公司公司债券投资者权益保护制度的表述中，符合证券法律制度规定的是（　　）。（2013年注册会计师全国统一考试"经济法"）

　　A. 债券受托管理人不得由发行人聘请

　　B. 公司不能按期支付债券本息时，应召开债券持有人会议

　　C. 发行公司债券应委托资产评估机构对债券做出信用评级

　　D. 发行公司债券应当提供担保

【答案】B

5. 甲公司为发起设立的股份有限公司，现有股东199人，尚未公开发行或者转让过任何股票。根据证券法律制度的规定，下列情形中，需要向中国证监会申请核准的是（　　）。（2014年注册会计师全国统一考试"经济法"）

　　A. 股东乙向一位朋友转让部分股票

　　B. 股东丙将其持有的部分股票分别转让给丁和戊，约定2个月后全部买回

　　C. 甲公司向全国中小企业股份转让系统申请其股票公开转让

　　D. 甲公司向两家投资公司定向发行股票各500万股

【答案】D

6. 甲以协议转让方式取得乙上市公司7%的股份，之后又通过证券交易所集中竞价交易陆续增持乙公司5%的股份，根据证券法律制度的规定，甲需要进行权益披露的时点分别是（　　）。（2014年注册会计师全国统一考试"经济法"）

　　A. 其持有乙公司股份5%和10%时

　　B. 其持有乙公司股份5%和7%时

　　C. 其持有乙公司股份7%和12%时

　　D. 其持有乙公司股份7%和10%时

【答案】D

7. 根据证券法律制度的规定，下列主体中，对招股说明书中的虚假

记载承担无过错责任的是（　　）。（2014 年注册会计师全国统一考试"经济法"）

A. 发行人　　　　　　　　B. 承销人

C. 实际控制人　　　　　　D. 保荐人

【答案】A

8. 下列人员中，不属于《证券法》规定的证券交易内幕信息的知情人员的是（　　）。（2010 年中级会计职称考试"经济法"）

A. 上市公司的总会计师

B. 持有上市公司 3% 股份的股东

C. 上市公司控股的公司的董事

D. 上市公司的监事

【答案】B

9. 某股份有限公司申请公开发行公司债券。下列关于该公司公开发行公司债券条件的表述中，不符合《证券法》规定的是（　　）。（2010 年中级会计职称考试"经济法"）

A. 净资产为人民币 5000 万元

B. 累计债券余额是公司净资产的 50%

C. 最近 3 年平均可分配利润足以支付公司债券 1 年的利息

D. 筹集的资金投向符合国家产业政策

【答案】B

10. 根据《证券法》的规定，某上市公司的下列事项中，不属于证券交易内幕信息的是（　　）。（2011 年中级会计职称考试"经济法"）

A. 增加注册资本的计划

B. 股权结构的重大变化

C. 财务总监发生变动

D. 监事会共 5 名监事，其中 2 名发生变动

【答案】C

11. 下列关于证券发行承销团承销证券的表述中，不符合证券法律制度规定的是（　　）。（2011 年中级会计职称考试"经济法"）

A. 承销团承销适用于向不特定对象公开发行的证券

B. 发行证券的票面总值必须超过人民币 1 亿元

C. 承销团由主承销和参与承销的证券公司组成

D. 承销团代销、包销期限最长不得超过 90 日

【答案】 B

12. 下列关于证券交易所职责的表述中，不符合证券法律制定规定的是（　　）。（2012 年中级会计职称考试"经济法"）

A. 公布证券交易即时行情并按交易日制作市场行情表

B. 决定公司债券的暂停或终止上市

C. 因突发性事件采取技术性停牌应报国务院证券监督管理机构批准

D. 根据需求，可对出现重大异常交易情况的证券账户限制交易，并报国务院证券监督管理机构备案

【答案】 C

13. 某证券公司的注册资本为 5000 万元人民币。根据《证券法》的规定，下列各项中，不属于该证券公司可从事的业务范围的是（　　）。（2012 年中级会计职称考试"经济法"）

A. 证券经纪业务

B. 证券承销与保荐业务

C. 证券投资咨询业务

D. 与证券交易活动有关的财务顾问业务

【答案】 B

14. 某上市公司监事会有 5 名监事，其中监事赵某、张某为职工代表，监事任期届满，该公司职工代表大会在选举监事时，认为赵某、张某未能认真履行职责，故一致决议改选陈某、王某为监事会成员。根据证券法律制度的规定，该上市公司应通过一定的方式将该信息予以披露，该信息披露的方式是（　　）。（2012 年中级会计职称考试"经济法"）

A. 中期报告　　B. 季度报告　　C. 年度报告　　D. 临时报告

【答案】 D

15. 下列关于上市公司非公开发行股票的条件和方式的表述中，符合证券法律制度规定的是（　　）。（2014 年中级会计职称考试"经济法"）

A. 发行对象不得超过 200 人

B. 发行价格不得低于定价基准日前一个交易日公司股票的均价

C. 自本次股份发行结束之日起，控股股东认购的股份 36 个月内不得转让

D. 可采用广告方式发行

【答案】C

16. 根据证券法律制度的规定，下列关于可转换公司债券的表述中，正确的有（　　）。(2013 年注册会计师全国统一考试"经济法")

A. 上市公司发行可转换公司债券不同于公开发行股票，无须报证监会核准

B. 在转股期限内，可转换公司债券持有人有权决定是否将债券转换为股票

C. 上市公司可以公开发行认股权和债券分离交易的可转换公司债券

D. 非上市股份有限公司不得发行可转换公司债券

【答案】BCD

17. 根据证券法律制度的规定，下列情形中，须经中国证监会核准的有（　　）。(2014 年注册会计师全国统一考试"经济法")

A. 甲上市公司向某战略投资者定向增发股票

B. 有 30 名股东的丙非上市股份有限公司拟将其股票公开转让

C. 有 199 名股东的丁非上市股份有限公司拟通过增资引入 3 名风险投资人

D. 乙上市公司向所有现有股东配股

【答案】ACD

18. （本题涉及的考点在 2015 年版教材中已经删除）根据《证券法》的规定，证券投资咨询机构及其从业人员不得从事的证券服务业务的行为有（　　）。(2010 年中级会计职称考试"经济法")

A. 代理委托人从事证券投资

B. 与委托人约定分享证券投资收益

C. 买卖本咨询机构提供服务的上市公司股票

D. 利用传播媒介向投资者推荐上市公司股票

【答案】ABC

19. 根据证券法律制度的规定，在特定情形下，如无相反证据，投资者将会被视为一致行动人，下列各项中，属于该特定情形的有（   ）。（2010年中级会计职称考试"经济法"）

    A. 投资者之间存在股权控制关系

    B. 投资者之间为同学、战友关系

    C. 投资者之间存在合伙关系

    D. 投资者之间存在联营关系

20. （本题涉及的考点在2015年版教材中已经删除）下列关于上市公司非公开发行股票的表述中，不符合证券法律制度规定的有（   ）。（2011年中级会计职称考试"经济法"）

    A. 本次发行的股份自发行结束之日起，36个月内不得转让

    B. 发行价格应不低于定价基准日前20个交易日公司股票的均价

    C. 募集资金须存放于公司董事会决定的专项账户（本选项涉及的考点在2015年版教材中已经删除）

    D. 除金融类企业外，不得将募集资金直接或间接投资于以买卖证券为主要业务的公司

【答案】AB

21. （本题已根据2015年版教材进行调整）某股份有限公司净资产为1亿元，该公司拟再次公开发行公司债券。根据证券法律制度的规定，下列规定中，导致该公司不得公开发行公司债券的情形有（   ）。（2012年中级会计职称考试"经济法"）

    A. 该公司累计债券余额已达3000万元

    B. 本次发行申请文件存在虚假记载、误导性陈述或者重大遗漏

    C. 筹集的资金拟用于清偿公司即将到期的债券利息

    D. 对已公开发行的公司债券的延迟支付本息事实，仍处于继续状态

【答案】BCD

22. （本题D选项已根据2015年版教材进行调整）甲投资者收购一家股本总额为4.5亿元人民币的上市公司。下列关于该上市公司收购的法律后果的表述中，符合证券法律制度规定的有（   ）。（2012年中级会计职称考试"经济法"）

A. 收购期限届满，该上市公司公开发行的股份占公司股份总数的 8%，该上市公司的股票应由证券交易所终止上市交易

B. 收购期限届满，该上市公司的股票被证券交易所终止上市交易后，持有该上市公司股份 2% 的股东，要求以收购要约的同等条件向甲投资者出售其股票的，甲投资者可拒绝收购

C. 甲投资者持有该上市公司股票，在收购完成后的 36 个月内不得转让

D. 收购行为完成后，甲投资者应当在 15 日内向证券交易所提交关于收购情况的书面报告，并予公告

【答案】AD

23. 根据证券法律制度的规定，下列情形中，属于上市公司不得非公开发行股票的有（　　）。（2012 年中级会计职称考试"经济法"）

A. 上市公司及其附属公司曾违规对外提供担保，但已消除

B. 上市公司现任董事最近 36 个月内受到过中国证监会的行政处罚

C. 上市公司最近 1 年及 1 期财务报表被注册会计师出具保留意见的审计报告，但保留意见所涉及事项的重大影响已消除

D. 上市公司的权益被控股股东或实际控制人严重损害且尚未消除

【答案】BD

24. 根据证券法律制度的规定，凡发生或者可能对上市公司证券及其衍生品种交易价格产生较大影响的重大事件，投资者尚未得知时，上市公司应当立即提交临时报告。下列各项中，属于重大事件的有（　　）。（2013 年中级会计职称考试"经济法"）

A. 甲上市公司董事会就股权激励方案形成相关决议

B. 乙上市公司的股东王某持有公司 10% 的股份被司法冻结

C. 丙上市公司因国家产业政策调整致使该公司主要业务陷入停顿

D. 丁上市公司变更会计政策

【答案】ABCD

25. 甲公司收购乙上市公司时，下列投资者同时也在购买乙上市公司的股票。根据证券法律制度的规定，如无相反证据，与甲公司为一致行动人的投资者有（　　）。（2014 年中级会计职称考试"经济法"）

A. 甲公司董事杨某

B. 甲公司董事长张某多年未联系的同学

C. 甲公司某监事的母亲

D. 甲公司总经理的配偶

【答案】ACD

26. 根据证券法律制度的规定，下列属于证券公开发行情形的有（ ）。(2015年中级会计职称考试"经济法")

A. 向不特定对象发行证券的

B. 向累计不超过200人的不特定对象发行证券的

C. 向累计不超过200人的特定对象发行证券的

D. 采取电视广告方式发行证券的

【答案】ABD

27. 根据《公司债券发行与交易管理办法》的规定，合格投资者应当具备相应的风险识别和承担能力，能够自行承担公司债券的投资风险，并符合一定资质条件。下列投资者符合该资质条件的有（ ）。(2015年中级会计职称考试"经济法")

A. 净资产达到1100万元的合伙企业

B. 名下金融资产达到280万元的自然人

C. 社会保障基金

D. 企业年金

【答案】ACD

28. 根据证券法律制度的规定，下列属于证券公开发行情形的有（ ）。(2015年中级会计职称考试"经济法基础")

A. 向不特定对象发行证券的

B. 向累计不超过200人的不特定对象发行证券的

C. 向累计不超过200人的特定对象发行证券的

D. 采取电视广告方式发行证券的

【答案】ABD

29. 根据《公司债券发行与交易管理办法》的规定，合格投资者应当具备相应的风险识别和承担能力，能够自行承担公司债券的投资风险，并符合一定资质条件。下列投资者符合该资质条件的有（ ）。（2015 年中级会计职称考试"经济法基础"）

A. 净资产达到 1100 万元的合伙企业

B. 名下金融资产达到 280 万元的自然人

C. 社会保障基金

D. 企业年金

【答案】ACD

30. 根据证券法律制度的规定，下列关于公司债券非公开发行及转让的表述中，正确的有（ ）。（2016 年中级会计职称考试"经济法基础"）

A. 发行人的董事不得参与本公司非公开发行公司债券的认购

B. 非公开发行公司债券应当向合格投资者发行

C. 每次发行对象不得超过 200 人

D. 非公开发行的公司债券可以公开转让

【答案】BC

31. 根据证券法律制度的规定，上市公司发生的下列情形中，证券交易所可以决定暂停其股票上市的有（ ）。（2016 年中级会计职称考试"经济法基础"）

A. 公司对财务会计报告工作虚假记载，可能误导投资者

B. 公司最近 3 年连续亏损

C. 公司的股票被收购人收购达到该公司股本总额的 70%

D. 公司董事长辞职

【答案】AB

五、热点案例介绍、热点问题探讨

2008 年 11 月 17 日，39 岁的×美电器控股有限公司（00493.HK）董事局主席黄光裕被北京市公安局带走调查，起因包括涉嫌"操纵市场"等。从无名小子到百亿首富，从百亿首富到资本囚徒，随着黄光裕的被捕，引发了多米诺骨牌效应，黄光裕的层层保护伞逐个亮相，黄光裕等人

涉嫌犯罪案件，也备受社会关注。

2006年，为使旗下地产公司借壳上市，黄光裕入股上市公司中×村。在一手操办中×村重组的过程中，黄以内幕人员身份提前埋伏，在资产重组的内幕信息敏感时期，大量买入中×村股票，以图获利。

从2007年7月起，黄光裕伙同中×村公司董事长许××，利用掌握中×村和鹏×地产进行资产重组的内幕信息，买入中×村股票。黄光裕指使手下开立了80多个股票账户，黄光裕妻子杜×负责在交易时间指挥多个操盘手，累计买进1亿余股，成交额超过13亿元。在黄光裕内幕交易案中，牵涉的落马官员是公安部经济犯罪侦查局（以下简称"经侦局"）原副局长兼北京直属总队总队长相××。2007年，黄光裕等人布局中关村股票时，相××也获得了这一内幕消息，并动用100多万元资金，以14元每股的价格全仓买入。

早在2008年4月，中国证券监督管理委员会（以下简称"证监会"）就已对中×村股票异常交易立案调查。证监会发现多个操作中×村股票的可疑账户，这些散户资金量巨大，在同一时点大进大出，账户都是短时间内借用身份证开立的，而资金来源竟与香港地下钱庄有关。经过调查，证监会将账户的资金流向锁定在黄光裕的公司。2008年10月，证监会将此案移送公安部。与此同时，中国人民银行反洗钱处、反洗钱监测中心和国家外汇管理局就所掌握黄光裕非法兑换外汇的情况，先后向北京市公安局报案。

2008年11月27日，北京市公安局新闻办证实：黄光裕因涉嫌经济犯罪，正在接受调查。

2010年2月12日，北京市人民检察院第二分院以黄光裕涉嫌非法经营罪、内幕交易罪、单位行贿罪向北京市第二中级人民法院提起公诉，对同案其他被告人及相关被告单位亦一并提起公诉。检察机关指控：2007年9月至11月，黄光裕违反国家有关规定，非法买卖港币8.22亿余元；2007年4月至9月，黄光裕作为北京中×村科技发展（控股）股份有限公司的实际控制人、董事，在决定该公司与其他公司资产重组、置换事项期间，指使他人使用其控制的85个股票账户购入该公司股票，成交额累计人民币14.15亿余元。至上述资产重组、置换信息公告日，上述股票账户的账面收益额为人民币 3.09 亿余元。此外，2006 年至 2008 年间，黄光裕作为×美公司和×房公司的法定代表人，为给两家公司谋取不正当利益，直接或指使他人给予相××等 5 名国家工作人员的款物折合人民币 456 万余元。

2010 年 5 月 8 日，轰动全国的黄光裕案终于有了结果，北京市第二中级人民法院一审判决：黄光裕犯非法经营罪判处有期徒刑 8 年，并处没收个人部分财产人民币 2 亿元；犯内幕交易罪判处有期徒刑 9 年，并处罚金人民币 6 亿元；犯单位行贿罪判处有期徒刑 2 年。数罪并罚，决定执行有期徒刑 14 年，并处罚金人民币 6 亿元，没收个人财产人民币 2 亿元。一审宣判后，黄光裕提出上诉，北京市高级人民法院二审裁定维持原审判决。

第七章　市场规制法律制度

第一节　反垄断法

一、实训目标

熟悉四类具体垄断行为的表现形式。

二、实训要求

通过本课程的学习，学生应熟悉四类具体垄断行为的表现形式，能够判断经营者的具体某一行为属于何种垄断行为，基本了解以及掌握我国反垄断立法的基本制度，对国务院反垄断执法机构有基本的了解。

三、主要知识点

（一）概念

垄断协议、市场支配地位、经营者集中。

（二）重点问题

（1）垄断协议的表现形式。
（2）经营者集中的申报制度。
（3）滥用行政权力排除、限制竞争特点。

（三）难点问题

滥用市场支配地位的表现形式及认定。

四、相关知识点法条链接与案例分析

（一）垄断协议

【法条链接】——《反垄断法》

第十三条 禁止具有竞争关系的经营者达成下列垄断协议：

（一）固定或者变更商品价格；

（二）限制商品的生产数量或者销售数量；

（三）分割销售市场或者原材料采购市场；

（四）限制购买新技术、新设备或者限制开发新技术、新产品；

（五）联合抵制交易；

（六）国务院反垄断执法机构认定的其他垄断协议。

本法所称垄断协议，是指排除、限制竞争的协议、决定或者其他协同行为。

第十四条 禁止经营者与交易相对人达成下列垄断协议：

（一）固定向第三人转售商品的价格；

（二）限定向第三人转售商品的最低价格；

（三）国务院反垄断执法机构认定的其他垄断协议。

第十五条 经营者能够证明所达成的协议属于下列情形之一的，不适用本法第十三条、第十四条的规定：

（一）为改进技术、研究开发新产品的；

（二）为提高产品质量、降低成本、增进效率，统一产品规格、标准或者实行专业化分工的；

（三）为提高中小经营者经营效率，增强中小经营者竞争力的；

（四）为实现节约能源、保护环境、救灾救助等社会公共利益的；

（五）因经济不景气，为缓解销售量严重下降或者生产明显过剩的；

（六）为保障对外贸易和对外经济合作中的正当利益的；

（七）法律和国务院规定的其他情形。

属于前款第一项至第五项情形，不适用本法第十三条、第十四条规定的，经营者还应当证明所达成的协议不会严重限制相关市场的竞争,并且能够使消费者分享由此产生的利益。

(二) 滥用市场支配地位

【法条链接】——《反垄断法》

第十七条　禁止具有市场支配地位的经营者从事下列滥用市场支配地位的行为:

(一) 以不公平的高价销售商品或者以不公平的低价购买商品;

(二) 没有正当理由,以低于成本的价格销售商品;

(三) 没有正当理由,拒绝与交易相对人进行交易;

(四) 没有正当理由,限定交易相对人只能与其进行交易或者只能与其指定的经营者进行交易;

(五) 没有正当理由搭售商品,或者在交易时附加其他不合理的交易条件;

(六) 没有正当理由,对条件相同的交易相对人在交易价格等交易条件上实行差别待遇;

(七) 国务院反垄断执法机构认定的其他滥用市场支配地位的行为。

本法所称市场支配地位,是指经营者在相关市场内具有能够控制商品价格、数量或者其他交易条件,或者能够阻碍、影响其他经营者进入相关市场能力的市场地位。

第十八条　认定经营者具有市场支配地位,应当依据下列因素:

(一) 该经营者在相关市场的市场份额,以及相关市场的竞争状况;

(二) 该经营者控制销售市场或者原材料采购市场的能力;

(三) 该经营者的财力和技术条件;

(四) 其他经营者对该经营者在交易上的依赖程度;

(五) 其他经营者进入相关市场的难易程度;

(六) 与认定该经营者市场支配地位有关的其他因素。

第十九条　有下列情形之一的,可以推定经营者具有市场支配地位:

(一) 一个经营者在相关市场的市场份额达到二分之一的;

(二) 两个经营者在相关市场的市场份额合计达到三分之二的;

(三) 三个经营者在相关市场的市场份额合计达到四分之三的。

有前款第二项、第三项规定的情形,其中有的经营者市场份额不足十分之一的,不应当推定该经营者具有市场支配地位。

被推定具有市场支配地位的经营者,有证据证明不具有市场支配地位的,不应当认定其具有市场支配地位。

（三）经营者集中

【法条链接】——《反垄断法》

第二十条　经营者集中是指下列情形：

（一）经营者合并；

（二）经营者通过取得股权或者资产的方式取得对其他经营者的控制权；

（三）经营者通过合同等方式取得对其他经营者的控制权或者能够对其他经营者施加决定性影响。

第二十一条　经营者集中达到国务院规定的申报标准的，经营者应当事先向国务院反垄断执法机构申报，未申报的不得实施集中。

第二十二条　经营者集中有下列情形之一的，可以不向国务院反垄断执法机构申报：

（一）参与集中的一个经营者拥有其他每个经营者百分之五十以上有表决权的股份或者资产的；

（二）参与集中的每个经营者百分之五十以上有表决权的股份或者资产被同一个未参与集中的经营者拥有的。

第二十七条　审查经营者集中，应当考虑下列因素：

（一）参与集中的经营者在相关市场的市场份额及其对市场的控制力；

（二）相关市场的市场集中度；

（三）经营者集中对市场进入、技术进步的影响；

（四）经营者集中对消费者和其他有关经营者的影响；

（五）经营者集中对国民经济发展的影响；

（六）国务院反垄断执法机构认为应当考虑的影响市场竞争的其他因素。

（四）滥用行政权力排除、限制竞争行为

【法条链接】——《反垄断法》

第三十二条　行政机关和法律、法规授权的具有管理公共事务职能的组织不得滥用行政权力，限定或者变相限定单位或者个人经营、购买、使用其指定的经营者提供的商品。

第三十三条　行政机关和法律、法规授权的具有管理公共事务职能的组织不得滥用行政权力，实施下列行为，妨碍商品在地区之间的自由流通：

（一）对外地商品设定歧视性收费项目、实行歧视性收费标准，或者规定歧视性

价格；

（二）对外地商品规定与本地同类商品不同的技术要求、检验标准，或者对外地商品采取重复检验、重复认证等歧视性技术措施，限制外地商品进入本地市场；

（三）采取专门针对外地商品的行政许可，限制外地商品进入本地市场；

（四）设置关卡或者采取其他手段，阻碍外地商品进入或者本地商品运出；

（五）妨碍商品在地区之间自由流通的其他行为。

第三十四条　行政机关和法律、法规授权的具有管理公共事务职能的组织不得滥用行政权力，以设定歧视性资质要求、评审标准或者不依法发布信息等方式，排斥或者限制外地经营者参加本地的招标投标活动。

第三十五条　行政机关和法律、法规授权的具有管理公共事务职能的组织不得滥用行政权力，采取与本地经营者不平等待遇等方式，排斥或者限制外地经营者在本地投资或者设立分支机构。

【案例】

2016年2月，某市某学院为本学院的教师修建好了新的教职员工大楼。其中，有8户教师自己买好了煤气灶具，等煤气公司来安装供气。3月初，市煤气公司派人来安装灶具并试火通气，当煤气公司的工作人员发现这8户业主合用的煤气灶具是自行购买的而不是从煤气公司购买的，他们便当场拆除了这8户业主的煤气表。工作人员说，这是煤气公司的规定，如果所用煤气灶具不是从煤气公司处购买的，将一律不予供气，任何人不得特殊。而且本市所有的用户都是用煤气公司供应的煤气灶具。这8家业主又向煤气公司交涉，得到的是同样的答复。

【问题】

（1）煤气公司的行为是否合法？为什么？

（2）8家业主如何主张自己的正当权益？

【解答】

（1）根据《反垄断法》第十七条的规定，具有市场支配地位的经营者没有正当理由限定交易相对人只能与其进行交易或者只能与其指定的经营者进行交易的行为和没有正当理由搭售商品或者在交易时附加其他不合理交易条件的行为，是滥用市场支配地位的行为。煤气公司利用其市场支配地位，强制消费者购买煤气公司的灶具，显然已经违反了《反垄断法》的规定。

(2) 这 8 家业主可以联合向市消费者协会投诉，市消费者协会受理后将投诉案件转交反垄断执法机构，依《反垄断法》第四十七条的规定，经营者滥用市场支配地位的，由反垄断执法机构责令停止违法行为，没收违法所得，并处以上一年度销售额 1% 以上 10% 以下的罚款。

五、习题：单项选择

1. 某行业协会的全体会员企业在相关市场的市场份额合计达到 85%。由于近期原材料涨价影响了行业利润，该协会遂组织召开了由会员企业领导人参加的"行业峰会"，与会代表达成了提高产品价格的共识。会议结束后，该协会向全体会员企业印发了关于提高本行业产品价格的通知，明确要求会员企业统一将产品价格提高 15%。接到通知后，会员企业按要求实施了涨价。根据反垄断法律制度的规定，下列说法中，正确的是（   ）。（2011 年注册会计师全国统一考试"经济法"）

　　A. 行业协会实施了滥用市场支配地位行为

　　B. 行业协会实施了经营者集中行为

　　C. 行业协会实施了行政性限制竞争行为

　　D. 行业协会实施了组织本行业经营者达成垄断协议行为

【答案】D

2. 甲市市政府办公厅下发红头文件，要求本市各级政府机构在公务接待中必须使用本市乙酒厂生产的"醉八仙"系列白酒，并根据有关政府机构的公务接待预算分别下达了一定数量的用酒任务。根据反垄断法律制度的规定，下列表述中，正确的是（   ）。（2012 年注册会计师全国统一考试"经济法"）

　　A. 甲市市政府的行为不违法，乙酒厂实施了滥用行政权力排除、限制竞争行为

　　B. 甲市市政府的行为不违法，乙酒厂实施了滥用市场支配地位行为

　　C. 甲市市政府实施了滥用行政权力排除、限制竞争行为，乙酒厂不违法

　　D. 甲市市政府实施了滥用行政权力排除、限制竞争行为，乙酒厂实

施了滥用市场支配地位行为

【答案】C

3. 在"唐山人人诉百度滥用市场支配地位案"中，人民法院将该案的相关市场界定为"中国搜索引擎服务市场"，根据反垄断法律制度的规定，"搜索引擎服务"属于（　　）。（2014年注册会计师全国统一考试"经济法"）

A. 相关商品市场　　　　B. 相关创新市场
C. 相关时间市场　　　　D. 相关技术市场

【答案】A

4. 根据反垄断法律制度的规定，下列各项中，属于在从供给角度界定相关商品市场时所应考虑的因素的是（　　）。（2014年注册会计师全国统一考试"经济法"）

A. 商品的功能及用途　　B. 其他经营者的转产成本
C. 消费者的消费偏好　　D. 商品间的价格差异

【答案】B

5. 根据反垄断法律制度的规定，下列各项中，属于滥用市场支配地位行为的是（　　）。（2011年中级会计职称考试"经济法"）

A. 划分市场　　　　　　B. 联合抵制
C. 固定价格　　　　　　D. 掠夺性定价

【答案】D

6. （本题涉及的考点在2015年版教材中已经删除）下列各项中，属于市场规制法的部门法是（　　）。（2012年中级会计职称考试"经济法"）

A. 财税法　　B. 计划法　　C. 反垄断法　　D. 金融法

【答案】C

7. 某市一些食用油厂家签订合作框架合同，统一上调了食用油出厂价，该行为被反垄断主管机关依法认定为垄断。根据反垄断法律制度的规定，该垄断行为的具体类型是（　　）。（2012年中级会计职称考试"经济法"）

A. 垄断高价　　　　　　B. 掠夺性定价

C. 纵向垄断协议行为　　　　D. 横向垄断协议行为

【答案】D

8. 某品牌白酒市场份额较大且知名度较高，因销量急剧下滑，生产商召集经销商开会，令其不得低于限价进行销售，对违反者将扣除保证金、减少销售配额直至取消销售资格。关于该行为的性质，下列哪一判断是正确的？（　　）

A. 维护品牌形象的正当行为　　B. 滥用市场支配地位的行为

C. 价格同盟行为　　　　　　　D. 纵向垄断协议行为

【答案】D

9. 下列哪一选项属于《反不正当竞争法》和《反垄断法》均明文禁止的行为？（　　）

A. 甲省政府规定，凡外省生产的汽车，必须经过本省交管部门的技术安全认证，领取省内销售许可证以后，方可在本省市场销售

B. 乙省政府决定，在进出本省的交通要道设置关卡，阻止本省生产的猪肉运往外省

C. 丙省政府规定，省内各机关和事业单位在公务接待等活动时需要消费香烟的，只能选用本省生产的"金丝雀"牌香烟，否则财政不予报销

D. 丁省政府规定，外省生产的化肥和农药在本省销售的，一律按销售额加收 15% 的环保附加费

【答案】C（司法部答案：B）

六、热点案例介绍、热点问题探讨

在 2014 年揭幕的汽车反垄断大潮中，已经有奥迪、克莱斯勒及 12 家日系零配件生产厂商遭遇罚款等反垄断措施。2014 年 9 月，湖北省物价局对一汽－大众销售有限公司及部分奥迪经销商分别处以 2.4858 亿元和 2996 万元罚款。同月，上海市物价局对克莱斯勒（中国）汽车销售有限公司处以 3168.2 万元罚款，对其 3 家经销商处以罚款 214.21 万元。反垄断处罚发出之后，上述车企已经分别对旗下整车和零配件价格进行降价，并修改与经销商之间的协议。此次奔驰 3.5 亿元的罚款，创造了在华单一

汽车企业最高的罚款额度。

江苏省物价局通报指出,经查,奔驰公司与江苏省内经销商达成并实施了限定E级、S级整车及部分配件最低转售价格的垄断协议,违反了《反垄断法》第十四条的规定,排除、限制了相关市场竞争,损害了消费者利益。

据调查,2013年1月至2014年7月,奔驰公司通过电话、口头通知或者召开经销商会议的形式,限制江苏省不同区域内E级、S级整车的最低转售价格。奔驰公司通过加大对经销商的考核力度,对不执行限价政策的经销商进行约谈警告、减少政策支持力度等多种方式,促使垄断协议得以实施。

江苏省物价局还通报,奔驰汽车的苏州经销商自2010年11月起,南京、无锡两地经销商自2014年1月起,在奔驰公司组织下多次召开区域会议,达成并实施了固定部分配件价格的垄断协议,违反了《反垄断法》第十三条的规定。

【讨论】
(1) 奔驰公司的行为构成哪一种垄断行为?其表现形式是什么?
(2) 依据《反垄断法》的规定,奔驰公司应受到怎样的处罚?
(3) 结合上述案例谈谈对《反垄断法》的认识。

第二节 反不正当竞争法

一、实训目标

掌握七种不正当竞争行为的认定。

二、实训要求

通过本课程,学生应基本了解四种限制竞争行为的内容,掌握七种不正当竞争行为的认定，能判断市场主体的行为是否违反《反不正当竞争法》规定，并能认定该行为属于何种不正当竞争行为，基本掌握我国反不正当竞争的基本制度。

三、主要知识点

（一）概念

不正当竞争。

（二）重点问题

不正当竞争的表现形式。

（三）难点问题

不正当竞争行为的法律责任。

四、相关知识点法条链接与案例分析

（一）限制竞争行为

【法条链接】——《反不正当竞争法》

第六条　公用企业或者其他依法具有独占地位的经营者，不得限定他人购买其指定的经营者的商品，以排挤其他经营者的公平竞争。

第七条　政府及其所属部门不得滥用行政权力，限定他人购买其指定的经营者的商品，限制其他经营者正当的经营活动。政府及其所属部门不得滥用行政权力，限制外地商品进入本地市场，或者本地商品流向外地市场。

第十二条　经营者销售商品，不得违背购买者的意愿搭售商品或者附加其他不合理的条件。

第十五条　投标者不得串通投标，抬高标价或者压低标价。投标者和招标者不得相互勾结，以排挤竞争对手的公平竞争。

（二）不正当竞争行为

【法条链接】——《反不正当竞争法》

第五条　经营者不得采用下列不正当手段从事市场交易，损害竞争对手：

（一）假冒他人的注册商标；

（二）擅自使用知名商品特有的名称、包装、装潢，或者使用与知名商品近似的名称、包装、装潢，造成和他人的知名商品相混淆，使购买者误认为是该知名商品；

（三）擅自使用他人的企业名称或者姓名，引人误认为是他人的商品；

（四）在商品上伪造或者冒用认证标志、名优标志等质量标志，伪造产地，对商品质量作引人误解的虚假表示。

第八条　经营者不得采用财物或者其他手段进行贿赂以销售或者购买商品。在帐外暗中给予对方单位或者个人回扣的，以行贿论处；对方单位或者个人在帐外暗中收受回扣的，以受贿论处。

经营者销售或者购买商品，可以以明示方式给对方折扣，可以给中间人佣金。经营者给对方折扣、给中间人佣金的，必须如实入帐。接受折扣、佣金的经营者必须如实入帐。

第九条　经营者不得利用广告或者其他方法，对商品的质量、制作成分、性能、用途、生产者、有效期限、产地等作引人误解的虚假宣传。

广告的经营者不得在明知或者应知的情况下，代理、设计、制作、发布虚假广告。

第十条　经营者不得采用下列手段侵犯商业秘密：

（一）以盗窃、利诱、胁迫或者其他不正当手段获取权利人的商业秘密；

（二）披露、使用或者允许他人使用以前项手段获取的权利人的商业秘密；

（三）违反约定或者违反权利人有关保守商业秘密的要求，披露、使用或者允许他人使用其所掌握的商业秘密。

第三人明知或者应知前款所列违法行为，获取、使用或者披露他人的商业秘密，视为侵犯商业秘密。

本条所称的商业秘密，是指不为公众所知悉、能为权利人带来经济利益、具有实用性并经权利人采取保密措施的技术信息和经营信息。

第十一条　经营者不得以排挤竞争对手为目的，以低于成本的价格销售商品。

有下列情形之一的，不属于不正当竞争行为：

（一）销售鲜活商品；

（二）处理有效期限即将到期的商品或者其他积压的商品；

（三）季节性降价；

（四）因清偿债务、转产、歇业降价销售商品。

第十三条　经营者不得从事下列有奖销售：

（一）采用谎称有奖或者故意让内定人员中奖的欺骗方式进行有奖销售；

（二）利用有奖销售的手段推销质次价高的商品；

（三）抽奖式的有奖销售，最高奖的金额超过五千元。

第十四条　经营者不得捏造、散布虚伪事实，损害竞争对手的商业信誉、商品声誉。

【案例】

A 洗衣粉厂拥有"蓝天"牌注册商标。B 厂注册了"白云"牌商标。B 厂做广告宣称："白云"洗衣粉是"蓝天"洗衣粉的换代产品，请消费者认牌购买。该广告播出后，消费者纷纷购买"白云"洗衣粉，而不买"蓝天"洗衣粉。A 厂得知情况后，向工商局反映，要求处理。

【问题】

（1）B 厂行为的性质是什么？

（2）工商局应如何处理？

（3）A 厂是否有权要求赔偿损失？如何计算损失？

【解答】

（1）《反不正当竞争法》第九条规定："经营者不得利用广告或者其他方法，对商品的质量、制作成分、性能、用途、生产者、有效期限、产地等作引人误解的虚假宣传。"《反不正当竞争法》第十四条规定："经营者不得捏造、散布虚伪事实，损害竞争对手的商业信誉、商品声誉。"依据本案的事实和法律规定，B 厂的行为既是引人误解的不正当竞争行为，也是一种侵权行为。

（2）《反不正当竞争法》第二十四条规定："经营者利用广告或者其他方法，对商品作引人误解的虚假宣传的，监督检查部门应当责令其停止违法行为，消除影响，可以根据情节处以 1 万元以上 20 万元以下的罚款。"工商局应根据上述规定，责令 B 厂停止播放广告，向 A 厂道歉并在法定幅度内处以罚款。

(3)《反不正当竞争法》第二十条规定："经营者违反本法规定，给被侵害的经营者造成损害的，应当承担损害赔偿责任，被侵害的经营者的损失难以计算的，赔偿额为侵权人在侵权期间因侵权所获得的利润；并应当承担被侵害的经营者因调查该经营者侵害其合法权益的不正当竞争行为所支付的合理费用。"根据上述规定，A厂有权要求B厂赔偿损失。B厂的赔偿额为B厂在侵权期间因侵权所获的利润及A厂在调查其侵权过程中支出的合理费用。

五、习题：不定项选择

1. 某县"大队长酒楼"自创品牌后声名渐隆，妇孺皆知。同县的"牛记酒楼"经暗访发现，"大队长酒楼"经营特色是，服务员统一穿20世纪60年代服装，播放该年代歌曲，店堂装修、菜名等也具有时代印记。"牛记酒楼"遂改名为"老社长酒楼"，服装、歌曲、装修、菜名等一应照搬。根据《反不正当竞争法》的规定，"牛记酒楼"的行为属于下列哪一种行为？（ ）

  A. 正当的竞争行为　　　　B. 侵犯商业秘密行为
  C. 混淆行为　　　　　　　D. 虚假宣传行为
【答案】C

2. 甲酒厂为扩大销量，精心模仿乙酒厂知名白酒的包装、装潢。关于甲厂模仿行为，下列哪些判断是错误的？（ ）

  A. 如果乙厂的包装、装潢未获得外观设计专利，则甲厂模仿行为合法

  B. 如果甲厂在包装、装潢上标明了自己的厂名、厂址、商标，则不构成混淆行为

  C. 如果甲厂白酒的包装、装潢不足以使消费者误认为是乙厂白酒，则不构成混淆行为

  D. 如果乙厂白酒的长期消费者留意之下能够辨别出二者差异，则不构成混淆行为

【答案】ABD

3. 下列哪些选项属于不正当竞争行为？（　　）

A. 甲灯具厂捏造乙灯具厂偷工减料的事实，私下告诉乙厂的几家重要客户

B. 甲公司发布高薪招聘广告，乙公司数名高管集体辞职前往应聘，甲公司予以聘用

C. 甲电器厂产品具有严重瑕疵，媒体误报道为乙电器厂产品，甲厂未主动澄清

D. 甲厂使用与乙厂知名商品近似的名称、包装和装潢，消费者经仔细辨别方可区别二者差异

【答案】AD

4. 根据《反不正当竞争法》规定，下列哪些行为属于不正当竞争行为？（　　）

A. 甲企业将所产袋装牛奶标注的生产日期延后了两天

B. 乙企业举办抽奖式有奖销售，最高奖为5000元购物券，并规定用购物券购物满1000元的可再获一次抽奖机会

C. 丙企业规定，销售一台电脑给中间人5%佣金，可不入账

D. 丁企业为清偿债务，按低于成本的价格销售商品

【答案】AC

六、热点案例介绍、热点问题探讨

O2O 即 Online to Offline，也即将线下商务的机会与互联网结合在一起，让互联网成为线下交易的前台。当前出现的手机打车软件、美团以及其他各类团购网站和软件都借助了 O2O 模式。同时，智能手机的普及使得手机上网用户数远超过 PC（个人计算机）端上网用户数，由此也带动了移动电子商务的发展，O2O 模式的魅力与潜在的巨大商机愈加凸显。

2013 年，上海市出租车行业兴起了一种打车类的手机应用软件，这是一种以智能手机为终端，利用移动互联网络，使出租车经营者与乘客实现信息连接与沟通的手机应用软件。当乘客通过智能手机在该类软件上发布打车信息后，附近的出租车司机进行抢单后便即刻可与乘客进行联系沟

通，双方可进行双向选择，到达目的地后，乘客通过该类软件内置的支付系统支付打车费用即可，非常方便快捷。

其中，滴滴打车和快的打车这两款打车软件，为了抢占市场份额，展开了非常激烈的竞争，它们不仅互相指责对方诋毁或者造假，还分别通过给予乘客返现以及司机补贴等方式，上演了一场持续半年之久的"烧钱大战"。直至 2014 年 8 月，双方才先后宣布取消对于司机的现金补贴。2014 年 4 月，滴滴打车还推出了乘客打车交易成功后可以参与抽奖的活动，其奖品包括了爱马仕、LV 等奢侈品牌产品以及奥迪轿车。

这样的竞争方式的效果可谓立竿见影，仅半年不到的时间，原本市场上 40 多家打车软件共存的局面，即已演变成滴滴打车和快的打车"双寡头"的局面。但这种做法明显有损正常的市场秩序，不利于整个打车软件市场的良性发展。

【问题】

（1）试分析上述打车类手机软件的主要竞争行为。

（2）试讨论打车类手机软件不正当竞争行为的危害性。

（3）谈对于规制打车类手机软件的竞争行为的建议。

【解答】

（1）①"烧钱大战"疑似低价倾销行为；②不正当抽奖式有奖销售；③诋毁商业信誉行为。

（2）①阻碍市场竞争，损害了其他经营者的合法权益；②干扰消费者的自主选择权；③出租车作为一种公共交通方式，其定价本身是由政府部门进行调控的，不可能肆意地涨价或者降价，打车类手机软件之间的竞争行为损害了该类软件市场的正常秩序，不利于整个打车软件市场的良性发展。

（3）①制定专门对互联网不正当竞争行为进行规制的法律；②发挥行业协会作用，引导企业良性竞争，加强监督。

第三节　产品质量法

一、实训目标

掌握产品瑕疵担保责任和产品责任的内容与区别。

二、实训要求

通过本课程的学习，学生应对产品质量法的内容有基本的了解，能够区分产品瑕疵担保责任和产品责任，在发生产品质量纠纷时能够判断属于何种责任纠纷，从而能认定生产者、销售者在纠纷中应当承担的责任，培养解决产品质量纠纷的判断能力、协调能力和法律实务应用能力。

三、主要知识点

（一）概念

产品质量。

（二）重点问题

（1）产品质量监督管理制度。
（2）生产者与销售者的产品质量义务。

（三）难点问题

（1）产品责任。
（2）产品质量争议的处理。

四、相关知识点法条链接与案例分析

（一）适用范围

【法条链接】——《产品质量法》

第二条 在中华人民共和国境内从事产品生产、销售活动，必须遵守本法。

本法所称产品是指经过加工、制作，用于销售的产品。

建设工程不适用本法规定；但是，建设工程使用的建筑材料、建筑构配件和设备，属于前款规定的产品范围的，适用本法规定。

（二）生产者、销售者的产品质量责任和义务

【法条链接】——《产品质量法》

第二十六条 生产者应当对其生产的产品质量负责。

产品质量应当符合下列要求：

（一）不存在危及人身、财产安全的不合理的危险，有保障人体健康和人身、财产安全的国家标准、行业标准的，应当符合该标准；

（二）具备产品应当具备的使用性能，但是，对产品存在使用性能的瑕疵作出说明的除外；

（三）符合在产品或者其包装上注明采用的产品标准，符合以产品说明、实物样品等方式表明的质量状况。

第二十七条 产品或者其包装上的标识必须真实，并符合下列要求：

（一）有产品质量检验合格证明；

（二）有中文标明的产品名称、生产厂厂名和厂址；

（三）根据产品的特点和使用要求，需要标明产品规格、等级、所含主要成份的名称和含量的，用中文相应予以标明；需要事先让消费者知晓的，应当在外包装上标明，或者预先向消费者提供有关资料；

（四）限期使用的产品，应当在显著位置清晰地标明生产日期和安全使用期或者失效日期；

（五）使用不当，容易造成产品本身损坏或者可能危及人身、财产安全的产品，应当有警示标志或者中文警示说明。

裸装的食品和其他根据产品的特点难以附加标识的裸装产品，可以不附加产品

标识。

(三) 产品质量的瑕疵担保责任

【法条链接】——《产品质量法》

第四十条 售出的产品有下列情形之一的,销售者应当负责修理、更换、退货;给购买产品的消费者造成损失的,销售者应当赔偿损失:

(一) 不具备产品应当具备的使用性能而事先未作说明的;

(二) 不符合在产品或者其包装上注明采用的产品标准的;

(三) 不符合以产品说明、实物样品等方式表明的质量状况的。

销售者依照前款规定负责修理、更换、退货、赔偿损失后,属于生产者的责任或者属于向销售者提供产品的其他销售者(以下简称供货者)的责任的,销售者有权向生产者、供货者追偿。

销售者未按照第一款规定给予修理、更换、退货或者赔偿损失的,由产品质量监督部门或者工商行政管理部门责令改正。

生产者之间,销售者之间,生产者与销售者之间订立的买卖合同、承揽合同有不同约定的,合同当事人按照合同约定执行。

(四) 产品责任

【法条链接】——《产品质量法》

第四十一条 因产品存在缺陷造成人身、缺陷产品以外的其他财产(以下简称他人财产)损害的,生产者应当承担赔偿责任。

生产者能够证明有下列情形之一的,不承担赔偿责任:

(一) 未将产品投入流通的;

(二) 产品投入流通时,引起损害的缺陷尚不存在的;

(三) 将产品投入流通时的科学技术水平尚不能发现缺陷的存在的。

第四十二条 由于销售者的过错使产品存在缺陷,造成人身、他人财产损害的,销售者应当承担赔偿责任。销售者不能指明缺陷产品的生产者也不能指明缺陷产品的供货者的,销售者应当承担赔偿责任。

第四十三条 因产品存在缺陷造成人身、他人财产损害的,受害人可以向产品的生产者要求赔偿,也可以向产品的销售者要求赔偿。属于产品的生产者的责任,产品的销售者赔偿的,产品的销售者有权向产品的生产者追偿。属于产品的销售者的责任,产品的生产者赔偿的,产品的生产者有权向产品的销售者追偿。

第四十四条　因产品存在缺陷造成受害人人身伤害的，侵害人应当赔偿医疗费、治疗期间的护理费、因误工减少的收入等费用；造成残疾的，还应当支付残疾者生活自助具费、生活补助费、残疾赔偿金以及由其扶养的人所必需的生活费等费用；造成受害人死亡的，并应当支付丧葬费、死亡赔偿金以及由死者生前扶养的人所必需的生活费等费用。因产品存在缺陷造成受害人财产损失的，侵害人应当恢复原状或者折价赔偿。受害人因此遭受其他重大损失的，侵害人应当赔偿损失。

第四十五条　因产品存在缺陷造成损害要求赔偿的诉讼时效期间为二年，自当事人知道或者应当知道其权益受到损害时起计算。

因产品存在缺陷造成损害要求赔偿的请求权，在造成损害的缺陷产品交付最初消费者满十年丧失；但是，尚未超过明示的安全使用期的除外。

第四十六条　本法所称缺陷，是指产品存在危及人身、他人财产安全的不合理的危险；产品有保障人体健康和人身、财产安全的国家标准、行业标准的，是指不符合该标准。

【案例】

李某今年年初买了一台彩电，其父亲不同意，要其退货。李某嫌麻烦，便将彩电卖给了邻居王某。一个星期后，电视机因故障发生爆炸，正巧李某在场，李某和王某都因此受伤。王某要求李某赔偿，理由是李某卖给自己的电视机有问题；李某要求王某赔偿，因为电视机的所有权已经转移给王某。双方各持己见，争论不休。

【问题】

（1）此案的受害人应该向谁索赔？

（2）法律依据是什么？

【解答】

（1）此案的受害人应该向销售电视机的商店或者电视机生产厂家索赔。

（2）根据《产品质量法》第四十三条的规定，因产品存在缺陷造成人身、他人财产损害的，受害人可以向产品的生产者要求赔偿，也可以向产品的销售者要求赔偿。属于产品的生产者的责任，产品的销售者赔偿的，产品的销售者有权向产品的生产者追偿。属于产品的销售者的责任，产品的生产者赔偿的，产品的生产者有权向产品的销售者追偿。

五、习题：不定项选择

1. 赵某从某商场购买了某厂生产的高压锅，烹饪时邻居钱某到其厨房聊天，高压锅爆炸致 2 人受伤。下列哪一选项是错误的？（　　）

　　A. 钱某不得依据《消费者权益保护法》请求赔偿

　　B. 如高压锅被认定为缺陷产品，赵某可向该厂也可向该商场请求赔偿

　　C. 如高压锅未被认定为缺陷产品则该厂不承担赔偿责任

　　D. 如该商场证明目前科技水平尚不能发现缺陷存在则不承担赔偿责任

【答案】D

2. 孙某从某超市买回的跑步机在使用中出现故障并致其受伤。经查询得知，该型号跑步机数年前已被认定为不合格产品，超市从总经销商煌煌商贸公司依正规渠道进货。下列哪些选项是正确的？（　　）

　　A. 孙某有权向该跑步机生产商索赔

　　B. 孙某有权向煌煌商贸公司、超市索赔

　　C. 超市向孙某赔偿后，有权向该跑步机生产商索赔

　　D. 超市向孙某赔偿后，有权向煌煌商贸公司索赔

【答案】ABCD

六、实务操作

设置模拟法律咨询台，学生进行分组：第一组模拟来访的受害人或者受害人家属，负责准备产品质量纠纷案例向志愿者咨询，案例应生动形象、贴合实际生活；第二组模拟接受咨询的法律志愿者，应用本课程所学内容对来访的受害人或者受害人家属的问题进行专业解答，宣讲消费者维权的法律知识。

第四节　消费者权益保护法

一、实训目标

熟悉经营者的义务与法律责任、争议的解决以及消费民事公益诉讼的内容。

二、实训要求

运用《消费者权益保护法》的相关专业知识来分析和解决我国消费争议当中的实际问题。

三、主要知识点

（一）概念

（1）消费者。
（2）经营者。

（二）重点问题

（1）消费者的权利。
（2）经营者的义务。

（三）难点问题

（1）违反消费者权益保护的法律责任。
（2）赔偿责任主体的确定。

四、相关知识点与案例分析

（一）适用范围

【法条链接】——《消费者权益保护法》

第二条　消费者为生活消费需要购买、使用商品或者接受服务，其权益受本法保护；本法未作规定的，受其他有关法律、法规保护。

第六十二条　农民购买、使用直接用于农业生产的生产资料，参照本法执行。

（二）消费者的权利

【法条链接】——《消费者权益保护法》

第七条　消费者在购买、使用商品和接受服务时享有人身、财产安全不受损害的权利。

消费者有权要求经营者提供的商品和服务，符合保障人身、财产安全的要求。

第八条　消费者享有知悉其购买、使用的商品或者接受的服务的真实情况的权利。

消费者有权根据商品或者服务的不同情况，要求经营者提供商品的价格、产地、生产者、用途、性能、规格、等级、主要成份、生产日期、有效期限、检验合格证明、使用方法说明书、售后服务，或者服务的内容、规格、费用等有关情况。

第九条　消费者享有自主选择商品或者服务的权利。

消费者有权自主选择提供商品或者服务的经营者，自主选择商品品种或者服务方式，自主决定购买或者不购买任何一种商品、接受或者不接受任何一项服务。

消费者在自主选择商品或者服务时，有权进行比较、鉴别和挑选。

第十条　消费者享有公平交易的权利。

消费者在购买商品或者接受服务时，有权获得质量保障、价格合理、计量正确等公平交易条件，有权拒绝经营者的强制交易行为。

第十一条　消费者因购买、使用商品或者接受服务受到人身、财产损害的，享有依法获得赔偿的权利。

第十二条　消费者享有依法成立维护自身合法权益的社会组织的权利。

第十三条　消费者享有获得有关消费和消费者权益保护方面的知识的权利。

消费者应当努力掌握所需商品或者服务的知识和使用技能，正确使用商品，提高自我保护意识。

第十四条 消费者在购买、使用商品和接受服务时，享有人格尊严、民族风俗习惯得到尊重的权利，享有个人信息依法得到保护的权利。

第十五条 消费者享有对商品和服务以及保护消费者权益工作进行监督的权利。

消费者有权检举、控告侵害消费者权益的行为和国家机关及其工作人员在保护消费者权益工作中的违法失职行为，有权对保护消费者权益工作提出批评、建议。

（三）经营者的义务

【法条链接】

《消费者权益保护法》第十七条 经营者应当听取消费者对其提供的商品或者服务的意见，接受消费者的监督。

《消费者权益保护法》第十八条 经营者应当保证其提供的商品或者服务符合保障人身、财产安全的要求。对可能危及人身、财产安全的商品和服务，应当向消费者作出真实的说明和明确的警示，并说明和标明正确使用商品或者接受服务的方法以及防止危害发生的方法。

宾馆、商场、餐馆、银行、机场、车站、港口、影剧院等经营场所的经营者，应当对消费者尽到安全保障义务。

《侵权责任法》第三十七条 宾馆、商场、银行、车站、娱乐场所等公共场所的管理人或者群众性活动的组织者，未尽到安全保障义务，造成他人损害的，应当承担侵权责任。

因第三人的行为造成他人损害的，由第三人承担侵权责任；管理人或者组织者未尽到安全保障义务的，承担相应的补充责任。

《消费者权益保护法》第十九条 经营者发现其提供的商品或者服务存在缺陷，有危及人身、财产安全危险的，应当立即向有关行政部门报告和告知消费者，并采取停止销售、警示、召回、无害化处理、销毁、停止生产或者服务等措施。采取召回措施的，经营者应当承担消费者因商品被召回支出的必要费用。

《消费者权益保护法》第二十条 经营者向消费者提供有关商品或者服务的质量、性能、用途、有效期限等信息，应当真实、全面，不得作虚假或者引人误解的宣传。

经营者对消费者就其提供的商品或者服务的质量和使用方法等问题提出的询问，应当作出真实、明确的答复。

经营者提供商品或者服务应当明码标价。

《消费者权益保护法》第二十一条 经营者应当标明其真实名称和标记。

租赁他人柜台或者场地的经营者，应当标明其真实名称和标记。

《消费者权益保护法》第二十二条　经营者提供商品或者服务，应当按照国家有关规定或者商业惯例向消费者出具发票等购货凭证或者服务单据；消费者索要发票等购货凭证或者服务单据的，经营者必须出具。

《消费者权益保护法》第二十三条　经营者应当保证在正常使用商品或者接受服务的情况下其提供的商品或者服务应当具有的质量、性能、用途和有效期限；但消费者在购买该商品或者接受该服务前已经知道其存在瑕疵，且存在该瑕疵不违反法律强制性规定的除外。

经营者以广告、产品说明、实物样品或者其他方式表明商品或者服务的质量状况的，应当保证其提供的商品或者服务的实际质量与表明的质量状况相符。

经营者提供的机动车、计算机、电视机、电冰箱、空调器、洗衣机等耐用商品或者装饰装修等服务，消费者自接受商品或者服务之日起六个月内发现瑕疵，发生争议的，由经营者承担有关瑕疵的举证责任。

《消费者权益保护法》第二十四条　经营者提供的商品或者服务不符合质量要求的，消费者可以依照国家规定、当事人约定退货，或者要求经营者履行更换、修理等义务。没有国家规定和当事人约定的，消费者可以自收到商品之日起七日内退货；七日后符合法定解除合同条件的，消费者可以及时退货，不符合法定解除合同条件的，可以要求经营者履行更换、修理等义务。

依照前款规定进行退货、更换、修理的，经营者应当承担运输等必要费用。

《消费者权益保护法》第二十五条　经营者采用网络、电视、电话、邮购等方式销售商品，消费者有权自收到商品之日起七日内退货，且无需说明理由，但下列商品除外：

（一）消费者定作的；

（二）鲜活易腐的；

（三）在线下载或者消费者拆封的音像制品、计算机软件等数字化商品；

（四）交付的报纸、期刊。

除前款所列商品外，其他根据商品性质并经消费者在购买时确认不宜退货的商品，不适用无理由退货。

消费者退货的商品应当完好。经营者应当自收到退回商品之日起七日内返还消费者支付的商品价款。退回商品的运费由消费者承担；经营者和消费者另有约定的，按照约定。

《消费者权益保护法》第二十六条　经营者在经营活动中使用格式条款的，应当以显著方式提请消费者注意商品或者服务的数量和质量、价款或者费用、履行期限和方式、安全注意事项和风险警示、售后服务、民事责任等与消费者有重大利害关系的内容,并按照消费者的要求予以说明。

经营者不得以格式条款、通知、声明、店堂告示等方式,作出排除或者限制消费者权利、减轻或者免除经营者责任、加重消费者责任等对消费者不公平、不合理的规定,不得利用格式条款并借助技术手段强制交易。

格式条款、通知、声明、店堂告示等含有前款所列内容的,其内容无效。

《消费者权益保护法》第二十七条 经营者不得对消费者进行侮辱、诽谤,不得搜查消费者的身体及其携带的物品,不得侵犯消费者的人身自由。

《消费者权益保护法》第二十九条 经营者收集、使用消费者个人信息,应当遵循合法、正当、必要的原则,明示收集、使用信息的目的、方式和范围,并经消费者同意。经营者收集、使用消费者个人信息,应当公开其收集、使用规则,不得违反法律、法规的规定和双方的约定收集、使用信息。

经营者及其工作人员对收集的消费者个人信息必须严格保密,不得泄露、出售或者非法向他人提供。经营者应当采取技术措施和其他必要措施,确保信息安全,防止消费者个人信息泄露、丢失。在发生或者可能发生信息泄露、丢失的情况时,应当立即采取补救措施。

经营者未经消费者同意或者请求,或者消费者明确表示拒绝的,不得向其发送商业性信息。

(五)争议的解决

【法条链接】——《消费者权益保护法》

第三十九条 消费者和经营者发生消费者权益争议的,可以通过下列途径解决:

(一)与经营者协商和解;

(二)请求消费者协会或者依法成立的其他调解组织调解;

(三)向有关行政部门投诉;

(四)根据与经营者达成的仲裁协议提请仲裁机构仲裁;

(五)向人民法院提起诉讼。

第四十条 消费者在购买、使用商品时,其合法权益受到损害的,可以向销售者要求赔偿。销售者赔偿后,属于生产者的责任或者属于向销售者提供商品的其他销售者的责任的,销售者有权向生产者或者其他销售者追偿。

消费者或者其他受害人因商品缺陷造成人身、财产损害的,可以向销售者要求赔偿，也可以向生产者要求赔偿。属于生产者责任的，销售者赔偿后，有权向生产者追偿。属于销售者责任的，生产者赔偿后，有权向销售者追偿。

消费者在接受服务时，其合法权益受到损害的，可以向服务者要求赔偿。

第四十一条 消费者在购买、使用商品或者接受服务时，其合法权益受到损害，因原企业分立、合并的，可以向变更后承受其权利义务的企业要求赔偿。

第四十二条 使用他人营业执照的违法经营者提供商品或者服务，损害消费者合法权益的，消费者可以向其要求赔偿，也可以向营业执照的持有人要求赔偿。

第四十三条 消费者在展销会、租赁柜台购买商品或者接受服务，其合法权益受到损害的，可以向销售者或者服务者要求赔偿。展销会结束或者柜台租赁期满后，也可以向展销会的举办者、柜台的出租者要求赔偿。展销会的举办者、柜台的出租者赔偿后，有权向销售者或者服务者追偿。

第四十四条 消费者通过网络交易平台购买商品或者接受服务，其合法权益受到损害的，可以向销售者或者服务者要求赔偿。网络交易平台提供者不能提供销售者或者服务者的真实名称、地址和有效联系方式的，消费者也可以向网络交易平台提供者要求赔偿；网络交易平台提供者作出更有利于消费者的承诺的，应当履行承诺。网络交易平台提供者赔偿后，有权向销售者或者服务者追偿。

网络交易平台提供者明知或者应知销售者或者服务者利用其平台侵害消费者合法权益，未采取必要措施的，依法与该销售者或者服务者承担连带责任。

第四十五条 消费者因经营者利用虚假广告或者其他虚假宣传方式提供商品或者服务，其合法权益受到损害的，可以向经营者要求赔偿。广告经营者、发布者发布虚假广告，消费者可以请求行政主管部门予以惩处。广告经营者、发布者不能提供经营者的真实名称、地址和有效联系方式的，应当承担赔偿责任。

广告经营者、发布者设计、制作、发布关系消费者生命健康商品或者服务的虚假广告，造成消费者损害的，应当与提供该商品或者服务的经营者承担连带责任。

社会团体或者其他组织、个人在关系消费者生命健康商品或者服务的虚假广告或者其他虚假宣传中向消费者推荐商品或者服务，造成消费者损害的，应当与提供该商品或者服务的经营者承担连带责任。

第四十六条 消费者向有关行政部门投诉的，该部门应当自收到投诉之日起七个工作日内，予以处理并告知消费者。

第四十七条 对侵害众多消费者合法权益的行为，中国消费者协会以及在省、自治区、直辖市设立的消费者协会，可以向人民法院提起诉讼。

【法条链接】——《消费民事公益诉讼解释》

第一条 中国消费者协会以及在省、自治区、直辖市设立的消费者协会,对经营者侵害众多不特定消费者合法权益或者具有危及消费者人身、财产安全危险等损害社会公共利益的行为提起消费民事公益诉讼的,适用本解释。

法律规定或者全国人大及其常委会授权的机关和社会组织提起的消费民事公益诉讼,适用本解释。

第二条 经营者提供的商品或者服务具有下列情形之一的,适用消费者权益保护法第四十七条规定:

(一)提供的商品或者服务存在缺陷,侵害众多不特定消费者合法权益的;

(二)提供的商品或者服务可能危及消费者人身、财产安全,未作出真实的说明和明确的警示,未标明正确使用商品或者接受服务的方法以及防止危害发生方法的;对提供的商品或者服务质量、性能、用途、有效期限等信息作虚假或引人误解宣传的;

(三)宾馆、商场、餐馆、银行、机场、车站、港口、影剧院、景区、娱乐场所等经营场所存在危及消费者人身、财产安全危险的;

(四)以格式条款、通知、声明、店堂告示等方式,作出排除或者限制消费者权利、减轻或者免除经营者责任、加重消费者责任等对消费者不公平、不合理规定的;

(五)其他侵害众多不特定消费者合法权益或者具有危及消费者人身、财产安全危险等损害社会公共利益的行为。

第三条 消费民事公益诉讼案件管辖适用《最高人民法院关于适用〈中华人民共和国民事诉讼法〉的解释》第二百八十五条的有关规定。

经最高人民法院批准,高级人民法院可以根据本辖区实际情况,在辖区内确定部分中级人民法院受理第一审消费民事公益诉讼案件。

第十一条 消费民事公益诉讼案件审理过程中,被告提出反诉的,人民法院不予受理。

第十二条 原告在诉讼中承认对己方不利的事实,人民法院认为损害社会公共利益的,不予确认。

第十三条 原告在消费民事公益诉讼案件中,请求被告承担停止侵害、排除妨碍、消除危险、赔礼道歉等民事责任的,人民法院可予支持。

经营者利用格式条款或者通知、声明、店堂告示等,排除或者限制消费者权利、减轻或者免除经营者责任、加重消费者责任,原告认为对消费者不公平、不合理主张无效的,人民法院可予支持。

第十四条 消费民事公益诉讼案件裁判生效后，人民法院应当在十日内书面告知相关行政主管部门，并可发出司法建议。

第十五条 消费民事公益诉讼案件的裁判发生法律效力后，其他依法具有原告资格的机关或者社会组织就同一侵权行为另行提起消费民事公益诉讼的，人民法院不予受理。

第十六条 已为消费民事公益诉讼生效裁判认定的事实，因同一侵权行为受到损害的消费者根据民事诉讼法第一百一十九条规定提起的诉讼，原告、被告均无需举证证明，但当事人对该事实有异议并有相反证据足以推翻的除外。

消费民事公益诉讼生效裁判认定经营者存在不法行为，因同一侵权行为受到损害的消费者根据民事诉讼法第一百一十九条规定提起的诉讼，原告主张适用的，人民法院可予支持，但被告有相反证据足以推翻的除外。被告主张直接适用对其有利认定的，人民法院不予支持，被告仍应承担相应举证证明责任。

第十七条 原告为停止侵害、排除妨碍、消除危险采取合理预防、处置措施而发生的费用，请求被告承担的，人民法院可予支持。

第十八条 原告及其诉讼代理人对侵权行为进行调查、取证的合理费用、鉴定费用、合理的律师代理费用，人民法院可根据实际情况予以相应支持。

（六）法律责任

【法条链接】——《消费者权益保护法》

第四十九条 经营者提供商品或者服务，造成消费者或者其他受害人人身伤害的，应当赔偿医疗费、护理费、交通费等为治疗和康复支出的合理费用，以及因误工减少的收入。造成残疾的，还应当赔偿残疾生活辅助具费和残疾赔偿金。造成死亡的，还应当赔偿丧葬费和死亡赔偿金。

第五十条 经营者侵害消费者的人格尊严、侵犯消费者人身自由或者侵害消费者个人信息依法得到保护的权利的，应当停止侵害、恢复名誉、消除影响、赔礼道歉，并赔偿损失。

第五十一条 经营者有侮辱诽谤、搜查身体、侵犯人身自由等侵害消费者或者其他受害人人身权益的行为，造成严重精神损害的，受害人可以要求精神损害赔偿。

第五十二条 经营者提供商品或者服务，造成消费者财产损害的，应当依照法律规定或者当事人约定承担修理、重作、更换、退货、补足商品数量、退还货款和服务费用或者赔偿损失等民事责任。

第五十三条 经营者以预收款方式提供商品或者服务的，应当按照约定提供。未按照约定提供的，应当按照消费者的要求履行约定或者退回预付款；并应当承担预付款的利息、消费者必须支付的合理费用。

第五十四条　依法经有关行政部门认定为不合格的商品，消费者要求退货的，经营者应当负责退货。

第五十五条　经营者提供商品或者服务有欺诈行为的，应当按照消费者的要求增加赔偿其受到的损失，增加赔偿的金额为消费者购买商品的价款或者接受服务的费用的三倍；增加赔偿的金额不足五百元的，为五百元。法律另有规定的，依照其规定。

经营者明知商品或者服务存在缺陷，仍然向消费者提供，造成消费者或者其他受害人死亡或者健康严重损害的，受害人有权要求经营者依照本法第四十九条、第五十一条等法律规定赔偿损失，并有权要求所受损失二倍以下的惩罚性赔偿。

【案例】

今年母亲节前，张小姐在某网站购买了数盒保健品想送给母亲，隔天收到货品送往母亲家，没想到张小姐的姐姐也为母亲购买了同品牌的保健品数盒，这下张小姐发了愁，这么多保健品要吃到什么时候呢，于是她想到了退货。张小姐联系网店店主，而店主却拒绝了她，店主称："我们不是七日无条件退换货的店，在小店购物不退不换。"

【问题】

(1) 店主拒绝退货的理由合法吗？张小姐可否退货？

(2) 哪些类型的网购商品不适用"七天无理由退货"？

【解答】

(1)《消费者权益保护法》第二十五条规定，经营者采用网络、电视、电话、邮购等方式销售商品，消费者有权自收到商品之日起7日内退货，且无需说明理由。所以在修改后的《消费者权益保护法》实施后，该网店的做法侵犯了消费者的合法权益，网店有义务为张小姐办理退货。

(2) 根据《消费者权益保护法》第二十五条的规定，以下五类商品不适用"七天无理由退货"：一是消费者定作的，二是鲜活易腐的，三是在线下载或者消费者拆封的音像制品、计算机软件等数字化商品，四是交付的报纸、期刊，五是其他根据商品性质并经消费者在购买时确认不宜退货的商品。

五、习题：多项选择

1. 张某从某网店购买一套汽车坐垫。货到拆封后，张某因不喜欢其花色款式，多次与网店交涉要求退货。网店的下列哪些回答是违法的？（　　）

　　A. 客户下单时网店曾提示"一经拆封，概不退货"，故对已拆封商品不予退货

　　B. 该商品无质量问题，花色款式也是客户自选，故退货理由不成立，不予退货

　　C. 如网店同意退货，客户应承担退货的运费

　　D. 如网店同意退货，货款只能在一个月后退还

【答案】ABD

2. 彦某将一套住房分别委托甲、乙两家中介公司出售。钱某通过甲公司看中该房，但觉得房价太高。双方在看房前所签协议中约定了防"跳单"条款：钱某对甲公司的房源信息负保密义务，不得利用其信息撇开甲公司直接与房主签约，否则支付违约金。事后钱某又在乙公司发现同一房源，而房价比甲公司低得多。钱某通过乙公司买得该房，甲公司得知后提出异议。关于本案，下列哪些判断是错误的？（　　）

　　A. 防"跳单"条款限制了消费者的自主选择权

　　B. 甲公司抬高房价侵害了消费者的公平交易权

　　C. 乙公司的行为属于不正当竞争行为

　　D. 钱某侵犯了甲公司的商业秘密

【答案】ABCD

3. 曾某在某超市以 80 元购买酸奶数盒，食用后全家上吐下泻，为此支付医疗费 800 元。事后发现，其所购的酸奶在出售时已超过保质期，曾某遂要求超市赔偿。对此，下列哪些判断是正确的？（　　）

　　A. 销售超过保质期的食品属于违反法律禁止性规定的行为

　　B. 曾某在购买时未仔细查看商品上的生产日期，应当自负其责

　　C. 曾某有权要求该超市退还其购买酸奶所付的价款

D. 曾某有权要求该超市赔偿 800 元医疗费，并增加赔偿 800 元

【答案】ACD

4. 某省发现有大米被镉污染的情况，立即部署各地成立联合执法组，彻查市场中的大米及米制品。对此，下列哪些说法是正确的？（   ）

A. 大米、米制品的质量安全管理须以《食品安全法》为依据

B. 应依照《食品安全法》有关规定公布大米、米制品安全有关信息

C. 县有关部门进入某米粉加工厂检查时，该厂不得以商业秘密为由予以拒绝

D. 虽已构成重大食品安全事故，但影响仅限于该省，可由省卫生行政部门公布有关食品安全信息

【答案】BCD

六、实务操作

模拟所在省、自治区、直辖市的消费者协会，针对某一认为是经营者侵害众多不特定消费者合法权益或者具有危及消费者人身、财产安全危险等损害社会公共利益的行为，向有管辖权的人民法院提起消费民事公益诉讼，起草民事起诉状。有条件的情况下，通过模拟法庭模拟消费公益民事诉讼开庭过程。

第五节　广　告　法

一、实训目标

熟悉广告内容的准则。

二、实训要求

掌握广告法对广告内容和表现形式的基本要求，能辨识非法广告。

三、主要知识点

（一）概念

广告。

（二）重点问题

广告法的基本制度。

（三）难点问题

违反广告法的法律责任。

四、相关知识点与案例分析

【法条链接】——《广告法》

第二条 在中华人民共和国境内，商品经营者或者服务提供者通过一定媒介和形式直接或者间接地介绍自己所推销的商品或者服务的商业广告活动，适用本法。

本法所称广告主，是指为推销商品或者服务，自行或者委托他人设计、制作、发布广告的自然人、法人或者其他组织。

本法所称广告经营者，是指接受委托提供广告设计、制作、代理服务的自然人、法人或者其他组织。

本法所称广告发布者，是指为广告主或者广告主委托的广告经营者发布广告的自然人、法人或者其他组织。

本法所称广告代言人，是指广告主以外的，在广告中以自己的名义或者形象对商品、服务作推荐、证明的自然人、法人或者其他组织。

第八条 广告中对商品的性能、功能、产地、用途、质量、成分、价格、生产者、有效期限、允诺等或者对服务的内容、提供者、形式、质量、价格、允诺等有表示的,应当准确、清楚、明白。

广告中表明推销的商品或者服务附带赠送的,应当明示所附带赠送商品或者服务的品种、规格、数量、期限和方式。

法律、行政法规规定广告中应当明示的内容,应当显著、清晰表示。

第九条 广告不得有下列情形:

(一)使用或者变相使用中华人民共和国的国旗、国歌、国徽,军旗、军歌、军徽;

(二)使用或者变相使用国家机关、国家机关工作人员的名义或者形象;

(三)使用"国家级"、"最高级"、"最佳"等用语;

(四)损害国家的尊严或者利益,泄露国家秘密;

(五)妨碍社会安定,损害社会公共利益;

(六)危害人身、财产安全,泄露个人隐私;

(七)妨碍社会公共秩序或者违背社会良好风尚;

(八)含有淫秽、色情、赌博、迷信、恐怖、暴力的内容;

(九)含有民族、种族、宗教、性别歧视的内容;

(十)妨碍环境、自然资源或者文化遗产保护;

(十一)法律、行政法规规定禁止的其他情形。

第十六条 医疗、药品、医疗器械广告不得含有下列内容:

(一)表示功效、安全性的断言或者保证;

(二)说明治愈率或者有效率;

(三)与其他药品、医疗器械的功效和安全性或者其他医疗机构比较;

(四)利用广告代言人作推荐、证明;

(五)法律、行政法规规定禁止的其他内容。

药品广告的内容不得与国务院药品监督管理部门批准的说明书不一致,并应当显著标明禁忌、不良反应。处方药广告应当显著标明"本广告仅供医学药学专业人士阅读",非处方药广告应当显著标明"请按药品说明书或者在药师指导下购买和使用"。

推荐给个人自用的医疗器械的广告,应当显著标明"请仔细阅读产品说明书或者在医务人员的指导下购买和使用"。医疗器械产品注册证明文件中有禁忌内容、注意事项的,广告中应当显著标明"禁忌内容或者注意事项详见说明书"。

第十七条 除医疗、药品、医疗器械广告外,禁止其他任何广告涉及疾病治疗功能,并不得使用医疗用语或者易使推销的商品与药品、医疗器械相混淆的用语。

第十八条　保健食品广告不得含有下列内容：

（一）表示功效、安全性的断言或者保证；

（二）涉及疾病预防、治疗功能；

（三）声称或者暗示广告商品为保障健康所必需；

（四）与药品、其他保健食品进行比较；

（五）利用广告代言人作推荐、证明；

（六）法律、行政法规规定禁止的其他内容。

保健食品广告应当显著标明"本品不能代替药物"。

第二十八条　广告以虚假或者引人误解的内容欺骗、误导消费者的，构成虚假广告。

广告有下列情形之一的，为虚假广告：

（一）商品或者服务不存在的；

（二）商品的性能、功能、产地、用途、质量、规格、成分、价格、生产者、有效期限、销售状况、曾获荣誉等信息，或者服务的内容、提供者、形式、质量、价格、销售状况、曾获荣誉等信息，以及与商品或者服务有关的允诺等信息与实际情况不符，对购买行为有实质性影响的；

（三）使用虚构、伪造或者无法验证的科研成果、统计资料、调查结果、文摘、引用语等信息作证明材料的；

（四）虚构使用商品或者接受服务的效果的；

（五）以虚假或者引人误解的内容欺骗、误导消费者的其他情形。

第五十六条　违反本法规定，发布虚假广告，欺骗、误导消费者，使购买商品或者接受服务的消费者的合法权益受到损害的，由广告主依法承担民事责任。广告经营者、广告发布者不能提供广告主的真实名称、地址和有效联系方式的，消费者可以要求广告经营者、广告发布者先行赔偿。

关系消费者生命健康的商品或者服务的虚假广告，造成消费者损害的，其广告经营者、广告发布者、广告代言人应当与广告主承担连带责任。

前款规定以外的商品或者服务的虚假广告，造成消费者损害的，其广告经营者、广告发布者、广告代言人，明知或者应知广告虚假仍设计、制作、代理、发布或者作推荐、证明的，应当与广告主承担连带责任。

【案例】

2016年1月2日，某电视台广告部与化妆品销售企业××公司签订播出"××靓肤露"化妆品广告合同，随后该台从1月5日至2月7日在

《电视导购》栏目中播出该化妆品广告，宣传该化妆品为"纯中药制作，对黄褐斑、老年斑有特效"，收取广告费 12000 元。某电视观众在收看该电视台广告后便购买了 2 个使用周期的化妆品使用，用后发现该化妆品与广告中宣传"该产品对黄褐斑、老年斑有治疗效能"的情况大相径庭，遂通过"12315"电话投诉至辖区内工商部门，在调节处理并双方签署调解协议后工商部门拟对电视台涉嫌的违法行为予以查办。案件经办人查明：广告部工作人员在承接该化妆品广告时，只查看了广告主——××公司的"营业执照"，未按有关规定查验卫生行政部门核发的卫生许可证明及相关证明文件，就按照客户的要求发布了"××靓肤露"化妆品广告。

【问题】

（1）上述广告违反了《广告法》第几条规定？内容是什么？

（2）上述违法广告，广告监督管理机关应如何处理？

【解答】

（1）违反了《广告法》第十七条关于"除医疗、药品、医疗器械广告外，禁止其他任何广告涉及疾病治疗功能，并不得使用医疗用语或者易使推销的商品与药品、医疗器械相混淆的用语"的规定。

（2）应依照《广告法》第五十八条，对负有审查责任的某电视台广告部做出以下处理：①责令停止发布"××靓肤露"化妆品广告。②责令××公司在相应范围内消除影响，处广告费用 1 倍以上 3 倍以下的罚款；情节严重的，处广告费用 3 倍以上 5 倍以下的罚款，可以吊销营业执照，并由广告审查机关撤销广告审查批准文件、一年内不受理其广告审查申请。③没收广告部收取的 12000 元广告费，并处广告费用 1 倍以上 3 倍以下的罚款；情节严重的，处广告费用 3 倍以上 5 倍以下的罚款，并可以由有关部门暂停广告发布业务、吊销营业执照、吊销广告发布登记证件。

五、热点案例介绍

（一）武汉中博置业有限公司违法广告案

2015 年 9 月—2016 年 1 月，武汉中博置业有限公司开发的"中博南湖康城"房地产项目利用道路横幅、项目地围挡广告及报纸、宣传单等形式发布"中博南湖康城,地铁旁、南湖边、最生活、距离杨家湾地铁站 3 分钟,升值潜力巨大,房价 7000＋"等广告内容。经查,该项目房源为定向限价销售,最高限价 6300 元/m^2,而且项目旁边目前并无地铁站或地铁线路通过,开发商的行为违反了《广告法》第二十六条第(四)项的规定,"对规划或者建设中的交通、商业、文化教育设施以及其他市政条件作误导宣传"。2016 年 3 月,工商部门依法责令其停止发布违法广告,给予行政处罚。

(二)上海蓝夕投资有限公司违法广告案

2015 年 8 月至 11 月,上海蓝夕投资有限公司利用自设网站宣传"全球最佳暴利投资品种,原油投资"等内容,广告中使用"最佳"用语形容其投资产品,违反《广告法》第九条第(三)项的规定,被工商部门依法处以罚款 20 万元。

第八章 劳动合同法律制度

一、实训目标

熟练掌握劳动法律法规，培养解决劳动合同纠纷和处理劳动争议的能力。

二、实训要求

通过实训，重点掌握劳动合同订立、履行、解除过程中应注意的基本问题，以及劳动纠纷的解决机制。

三、主要知识点

（一）重点概念

劳动合同、试用期、劳动派遣、非全日制用工。

（二）重点问题

(1) 劳动法的调整对象。
(2) 劳动法的适用范围。
(3) 劳动合同的类型。
(4) 劳动合同的订立及解除。
(5) 劳动仲裁的范围及程序。
(6) 劳动争议的解决。

（三）难点问题

（1）试用期的强制性规定。
（2）劳动合同解除、不解除的条件。
（3）经济补偿金的支付规定。
（4）劳动仲裁的程序。

四、相关知识点法条链接与案例分析

（一）试用期

【法条链接】——《劳动合同法》

第十九条　劳动合同期限三个月以上不满一年的，试用期不得超过一个月；劳动合同期限一年以上不满三年的，试用期不得超过二个月；三年以上固定期限和无固定期限的劳动合同，试用期不得超过六个月。

同一用人单位与同一劳动者只能约定一次试用期。以完成一定工作任务为期限的劳动合同或者劳动合同期限不满三个月的，不得约定试用期。试用期包含在劳动合同期限内。劳动合同仅约定试用期的，试用期不成立，该期限为劳动合同期限。

第二十条　劳动者在试用期的工资不得低于本单位相同岗位最低档工资或者劳动合同约定工资的百分之八十，并不得低于用人单位所在地的最低工资标准。

第二十一条　在试用期中，除劳动者有本法第三十九条和第四十条第一项，第二项规定的情形外，用人单位不得解除劳动合同。用人单位在试用期解除劳动合同的，应当向劳动者说明理由。

【案例】

事由：包丽与沙龙美公司均认可包丽自 2014 年 3 月 10 日入职沙龙美公司，双方未签订劳动合同，包丽工作至 2015 年 2 月 13 日。包丽 2014 年 3 月工资 3397 元；2014 年 4 月工资 5051 元，通过现金发放；2014 年 5 月开始通过银行打卡支付工资。

包丽主张：其试用期为 3 个月，月工资标准为 5000 元，2014 年 6 月 1 日转正后月工资标准为 6500 元，沙龙美公司未与其签订劳动合同，应支付其 2014 年 4 月 10 日至 2015 年 2 月 13 日期间未签订劳动合同的 2 倍工资差额,其工作期间存在休息日及法定节假日加班,应支付其加班工资,2015年2月13日沙龙美公司总经理徐晓隆以公司效益不好为由,口头通知其过年之后不要再来了,沙龙美公司违法解除劳动关系应支付其违法解除劳动关系的赔偿金。

沙龙美公司诉求:包丽关于要求支付其2014年4月10日至2015年2月13日期间未签订劳动合同的2倍工资差额的诉讼请求已经超过时效,包丽工作期间不存在加班,不应支付其加班工资,包丽工作至2015年2月13日之后自己不来上班,其没有辞退包丽,不应支付其违法解除劳动合同的赔偿金。沙龙美公司未就本案提供证据。

法院判决:考虑到沙龙美公司作为用人单位负有较大的举证责任,法院视为由沙龙美公司提出,双方协商一致解除劳动关系,沙龙美公司应当支付包丽解除劳动关系的经济补偿金5024.1元。判决:①北京沙龙美餐饮管理有限公司于判决生效后7日内支付包丽2014年3月10日至2014年5月31日期间试用期工资差额537元;②北京沙龙美餐饮管理有限公司于判决生效后7日内支付包丽2014年6月4日至2015年2月13日未签订劳动合同的2倍工资差额42340.51元;③北京沙龙美餐饮管理有限公司于判决生效后7日内支付包丽解除劳动关系的经济补偿金5024.1元;④驳回包丽的其他诉讼请求。如果未按判决指定期间履行给付金钱义务,应当依照《民事诉讼法》第二百五十三条之规定,加倍支付迟延履行期间的债务利息。

根据以上的案例说说你的看法。包丽的主张是否有法律依据?沙龙美公司的主张是否有法律依据?法院的判决是否公正?

(二) 无固定期限的劳动合同

【法条链接】——《劳动合同法》

第十四条 无固定期限劳动合同,是指用人单位与劳动者约定无确定终止时间的劳动合同。

用人单位与劳动者协商一致,可以订立无固定期限劳动合同。有下列情形之一,劳动者提出或者同意续订劳动合同的,应当订立无固定期限劳动合同:

(一) 劳动者已在该用人单位连续工作满十年的;

（二）用人单位初次实行劳动合同制度或者国有企业改制重新订立劳动合同时，劳动者在该用人单位连续工作满十年且距法定退休年龄不足十年的；

（三）连续订立二次固定期限劳动合同且劳动者没有本法第三十九条规定的情形续订劳动合同的。

用人单位自用工之日起满一年不与劳动者订立书面劳动合同的，视为用人单位与劳动者已订立无固定期限劳动合同。

【案例】

事实：魏云斌于2007年10月1日入职武汉学院工作，双方于2011年9月1日签订了期限自2011年9月1日起至2014年9月30日止的劳动合同。2014年9月30日，武汉学院、魏云斌续签了一份无固定期限劳动合同，约定魏云斌岗位为保安，实行坐班工作制，每天工作时间不超过8小时，平均每周不超过40小时。在实际工作中，魏云斌负责楼栋保安工作，岗位采取白班（早7时至19时）、夜班（19时至次日凌晨7时，有休息室供休息）轮岗工作制，每周轮替一次。

魏云斌主张：其申请仲裁前月平均工资1957.05月/元，武汉学院常年安排上诉人加班，每天12小时，全年无休，应依法支付魏云斌延长加班时间加班费、休息日加班费及法定节假日加班费。另外，魏云斌在工作期间也未休过年休假，因此应该支付2008年1月1日开始至今未休年休假的工资报酬。

武汉学院主张：首先，一审法院判令由武汉学院支付魏云斌2年全部休息日的加班费是错误的。根据《劳动争议解释（三）》第九条规定："劳动者主张加班费的，应当就加班事实的存在承担举证责任"，尽管魏云斌一方提供了签到表和查岗记录，但这些材料都是由其自行填写、占有和保管，没有任何印章和负责人签字确认，并不是一个正式的考勤记录，因此不应当具有证据效力。一审法院以"原告所举证据不足以证实被告不存在休息日加班的事实，原告应承担举证不能的不利后果"，明显属于举证责任分配错误，导致本案的事实认定错误。其次，本案中，一审法院认定魏云斌两年、共计208个休息日全部都在加班，这一认定明显错误。一年中每个休息日都在上班，这明显超出了人体所能承受的劳动强度，也不符合日常规律和生活常识。一审法院在计算加班时间时，应当扣除魏云斌在休息日监考和寒暑假放假的天数。魏云斌作为校内保安，根据其工作性质不应当支付休息日加班费。最后，一审法院判令由武汉学院支付魏云斌6年的年休假工资错误。①学校已经安排寒暑假休息，其休假天数多于年休假天数，因此魏云斌既不应当享受2013年12月2日至2014年12月2日的年休假，同理，之前的所有年度的年休假也不应享受。②魏云斌2013年12月2日之前的年休假工资已超过法定的时效，不应当支付。

一审法院认为：魏云斌与武汉学院约定魏云斌工作岗位为保安，魏云斌实际亦从事楼栋安保工作，属于值守性质，工作与生活状态混同，而且武汉学院为魏云斌安排有夜班休息室并发放了相应的夜班补助，故对武汉学院主张不支付魏云斌延长工作时间加班费33750元的诉讼请求，法院予以支持。对魏云斌是否存在双休日加班的事实，武汉学院所举证据不足以证实魏云斌在2012年11月至2014年11月工作期间不存在休息日加班的事实，武汉学院应承担举证不能的不利后果，应当支付魏云斌2012年11月至2014年11月期间休息日加班的加班费，其中应扣除武汉学院已经发放的双休日考试安保费，故对武汉学院主张不支付魏云斌休息日加班费37440元的诉讼请求，法院部分予以支持，武汉学院应支付魏云斌休息日加班费36802.53元（1946.13元/月÷21.75天×104天/年×2年×200% -420元）。根据《职工带薪年休假条例》相关规定，职工应休未休的年休假天数，单位应当按照该职工日工资收入的300%支付年休假报酬。武汉学院所举证据不足以证明魏云斌享受年休假待遇，故扣除已经支付的工资，武汉学院应当支付魏云斌未休年休假工资5368.63元（1946.13元/月÷21.75天×5天/年×6年×200%），故对武汉学院主张不支付魏云斌未休年休假工资5400元的诉讼请求，法院部分予以支持。据此，为维护当事人合法权益，根据《劳动合同法》第三十条，《职工带薪年休假条例》第三条、第五条，《劳动争议解释（三）》第九条的规定，判决如下：①武汉学院于判决生效之日起10日内支付魏云斌休息日加班费36802.53元；②武汉学院于判决生效之日起10日内支付魏云斌未休年休假工资5368.63元；③驳回武汉学院的其他诉讼请求。如未按判决指定的期间履行给付金钱义务，应当依照《民事诉讼法》第二百五十三条的规定，加倍支付迟延履行期间的债务利息。案件受理费10元免予收取。

根据以上的案例说说你的看法？魏云斌的主张是否有法律依据？武汉学院的主张是否有法律依据？法院的判决是否公正？

（三）竞业禁止合同

【法条链接】——《劳动合同法》

第二十三条　用人单位与劳动者可以在劳动合同中约定保守用人单位的商业秘密和与知识产权相关的保密事项。

对负有保密义务的劳动者，用人单位可以在劳动合同或者保密协议中与劳动者约定竞业限制条款，并约定在解除或者终止劳动合同后，在竞业限制期限内按月给予劳动者经济补偿。劳动者违反竞业限制约定的，应当按照约定向用人单位支付违约金。

第二十四条　竞业限制的人员限于用人单位的高级管理人员、高级技术人员和其他负有保密义务的人员。竞业限制的范围、地域、期限由用人单位与劳动者约定，竞业限制的约定不得违反法律、法规的规定。

在解除或者终止劳动合同后，前款规定的人员到与本单位生产或者经营同类产品、从事同类业务的有竞争关系的其他用人单位，或者自己开业生产或者经营同类产品、从事同类业务的竞业限制期限，不得超过二年。

（四）解除劳动合同

1．双方协商解除劳动合同

【法条链接】——《劳动合同法》

第三十六条　用人单位与劳动者协商一致，可以解除劳动合同。

2．用人单位单方解除劳动合同

【法条链接】——《劳动合同法》

第三十九条　劳动者有下列情形之一的，用人单位可以解除劳动合同：

（一）在试用期间被证明不符合录用条件的；

（二）严重违反用人单位的规章制度的；

（三）严重失职，营私舞弊，给用人单位造成重大损害的；

（四）劳动者同时与其他用人单位建立劳动关系，对完成本单位的工作任务造成严重影响，或者经用人单位提出，拒不改正的；

（五）因本法第二十六条第一款第一项规定的情形致使劳动合同无效的；

（六）被依法追究刑事责任的。

第四十条　有下列情形之一的，用人单位提前三十日以书面形式通知劳动者本人或者额外支付劳动者一个月工资后，可以解除劳动合同：

（一）劳动者患病或者非因工负伤，在规定的医疗期满后不能从事原工作，也不能从事由用人单位另行安排的工作的；

（二）劳动者不能胜任工作，经过培训或者调整工作岗位，仍不能胜任工作的；

（三）劳动合同订立时所依据的客观情况发生重大变化，致使劳动合同无法履行，经用人单位与劳动者协商，未能就变更劳动合同内容达成协议的。

第四十一条　有下列情形之一，需要裁减人员二十人以上或者裁减不足二十人但占企业职工总数百分之十以上的，用人单位提前三十日向工会或者全体职工说明情况，听取工会或者职工的意见后，裁减人员方案经向劳动行政部门报告，可以裁减人员：

（一）依照企业破产法规定进行重整的；

（二）生产经营发生严重困难的；

（三）企业转产、重大技术革新或者经营方式调整，经变更劳动合同后，仍需裁减人员的；

（四）其他因劳动合同订立时所依据的客观经济情况发生重大变化，致使劳动合同无法履行的。

裁减人员时，应当优先留用下列人员：

（一）与本单位订立较长期限的固定期限劳动合同的；

（二）与本单位订立无固定期限劳动合同的；

（三）家庭无其他就业人员，有需要扶养的老人或者未成年人的。

用人单位依照本条第一款规定裁减人员，在六个月内重新招用人员的，应当通知被裁减的人员，并在同等条件下优先招用被裁减的人员。

第四十二条　劳动者有下列情形之一的，用人单位不得依照本法第四十条、第四十一条的规定解除劳动合同：

（一）从事接触职业病危害作业的劳动者未进行离岗前职业健康检查，或者疑似职业病病人在诊断或者医学观察期间的；

（二）在本单位患职业病或者因工负伤并被确认丧失或者部分丧失劳动能力的；

（三）患病或者非因工负伤，在规定的医疗期内的；

（四）女职工在孕期、产期、哺乳期的；

（五）在本单位连续工作满十五年，且距法定退休年龄不足五年的；

（六）法律、行政法规规定的其他情形。

第四十三条　用人单位单方解除劳动合同，应当事先将理由通知工会。用人单位违反法律、行政法规规定或者劳动合同约定的，工会有权要求用人单位纠正。用人单位应当研究工会的意见，并将处理结果书面通知工会。

第五十条　用人单位应当在解除或者终止劳动合同时出具解除或者终止劳动合同的证明，并在十五日内为劳动者办理档案和社会保险关系转移手续。

劳动者应当按照双方约定，办理工作交接。用人单位依照本法有关规定应当向劳动者支付经济补偿的，在办结工作交接时支付。

用人单位对已经解除或者终止的劳动合同的文本，至少保存二年备查。

3. 劳动者单方解除劳动合同

【法条链接】——《劳动合同法》

第三十七条　劳动者提前三十日以书面形式通知用人单位，可以解除劳动合同。劳动者在试用期内提前三日通知用人单位，可以解除劳动合同。

第三十八条　用人单位有下列情形之一的，劳动者可以解除劳动合同：

（一）未按照劳动合同约定提供劳动保护或者劳动条件的；

（二）未及时足额支付劳动报酬的；

（三）未依法为劳动者缴纳社会保险费的；

（四）用人单位的规章制度违反法律、法规的规定，损害劳动者权益的；

（五）因本法第二十六条第一款规定的情形致使劳动合同无效的；

（六）法律、行政法规规定劳动者可以解除劳动合同的其他情形。

用人单位以暴力、威胁或者非法限制人身自由的手段强迫劳动者劳动的，或者用人单位违章指挥、强令冒险作业危及劳动者人身安全的，劳动者可以立即解除劳动合同，不需事先告知用人单位。

【案例】

陈某系来自于重庆市的农民工，受雇于某用人单位，但该单位未为其办理工伤保险。2014年5月某日，在用人单位承包的、位于新疆伊宁市某工地提供劳务时被层板砸伤，造成左锁骨中段骨折、双下肺挫伤。同年7月，伊宁市人力资源和社会保障局做出工伤字〔2014〕第××号工伤认定决定，认定陈某受伤为工伤。同年10月，伊犁州劳动能力鉴定委员会办公室做出伊州劳鉴工字2014年××月（序号×××号）工伤职工初次鉴定结论通知书，鉴定结论为9级伤残标准。由于该用人单位怠于承担工伤赔偿责任，2014年12月初，陈某向伊宁市劳动人事仲裁委员会提起仲裁申请，请求裁决解除双方劳动关系，同时请求用人单位支付一次性伤残补助金、一次性工伤医疗补助金和一次性伤残就业补助金等各项工伤赔偿费用14万余元。同月，伊宁市劳动人事仲裁委员会将陈某的仲裁申请书送达用人单位。2015年×月，在仲裁庭审时，用人单位提出调解请求，陈某亦表示同意，最终在仲裁员主持、律师参与下，双方达成调解协议。

在计算陈某一次性工伤医疗补助金和一次性伤残就业补助金等工伤待遇时，根据《工伤保险条例》第三十七条和《新疆维吾尔自治区实施〈工伤保险条例〉办法》第二十九条规定，应以终止或者解除劳动（聘用）关系时所在州、市（地）上年度职工月平均工资为基数。调解过程中，在对"终止或者解除劳动（聘用）关系时"的理解上，陈某及用人单位存在争议。

陈某认为，虽然其于2014年12月向仲裁委申请仲裁解除劳动合同，但仲裁开庭在2015年×月，此前仲裁委并未做出任何裁决，故对劳动合同的解除应采裁决解除主义，即自仲裁机构裁决（仲裁调解）生效之日起解除，因此，"终止或者解除劳动（聘用）关系时"应理解为2015年。

用人单位对陈某的观点表示反对，认为对劳动合同的解除，应采通知解除主义，即自仲裁委在向用人单位送达仲裁申请书时劳动合同解除，因此，"终止或者解除劳动（聘用）关系时"应理解为2014年。

（五）经济补偿金

1．补偿标准

【法条链接】——《劳动合同法》

第四十七条　经济补偿按劳动者在本单位工作的年限，每满一年支付一个月工资的标准向劳动者支付。六个月以上不满一年的，按一年计算；不满六个月的，向劳动者支付半个月工资的经济补偿。

劳动者月工资高于用人单位所在直辖市、设区的市级人民政府公布的本地区上年度职工月平均工资三倍的，向其支付经济补偿的标准按职工月平均工资三倍的数额支付，向其支付经济补偿的年限最高不超过十二年。

本条所称月工资是指劳动者在劳动合同解除或者终止前十二个月的平均工资。

2. 用人单位应当支付经济补偿金的法定情形

【法条链接】——《劳动合同法》

第四十六条 有下列情形之一的，用人单位应当向劳动者支付经济补偿：

（一）劳动者依照本法第三十八条规定解除劳动合同的；

（二）用人单位依照本法第三十六条规定向劳动者提出解除劳动合同并与劳动者协商一致解除劳动合同的；

（三）用人单位依照本法第四十条规定解除劳动合同的；

（四）用人单位依照本法第四十一条第一款规定解除劳动合同的；

（五）除用人单位维持或者提高劳动合同约定条件续订劳动合同，劳动者不同意续订的情形外，依照本法第四十四条第一项规定终止固定期限劳动合同的；

（六）依照本法第四十四条第四项、第五项规定终止劳动合同的；

（七）法律、行政法规规定的其他情形。

第四十八条 用人单位违反本法规定解除或者终止劳动合同，劳动者要求继续履行劳动合同的，用人单位应当继续履行；劳动者不要求继续履行劳动合同或者劳动合同已经不能继续履行的，用人单位应当依照本法第八十七条规定支付赔偿金。

【案例】

李某于 2013 年 9 月 1 日进入上海某信息技术有限公司工作，双方签订了 2 年的劳动合同。公司出于用工成本考虑，一直未为包括李某在内的 25 名员工缴纳社会保险。李某曾多次向公司方提出，希望公司为其缴纳社会保险，均遭公司方拒绝。李某于 2015 年 1 月 5 日向公司书面递交解除劳动合同通知书。内容为："公司自本人入职以来一直未为本人缴纳社会保险，经本人多次要求仍未缴纳。公司的行为已经符合《劳动合同法》第三十八条规定。现本人向公司提出解除劳动合同，要求公司按照法律规定支付经济补偿金。"公司方在收到李某的解除劳动合同通知书后，为李某办理了离职手续，但未支付经济补偿金。2015 年 1 月 12 日，李某向劳动争议仲裁委员会申请仲裁，要求公司支付解除劳动合同的经济补偿金。同时向社会保险征缴机构投诉，要求公司补缴社会保险。

本案的焦点为：李某因公司未为其缴纳社会保险而提出解除劳动合同，公司是否需要支付经济补偿金？

李某认为：单位应依法缴纳社会保险，公司自其入职以来一直未为其缴纳社会保险，根据《劳动合同法》的规定，其有权解除劳动合同并要求公司支付经济补偿金。

公司方认为：公司并未与李某解除劳动合同，而是李某自己向公司方提出解除劳动合同。其属于自动辞职，公司无须支付经济补偿金。

劳动争议仲裁委员会审理后认为：为员工缴纳社会保险是用人单位应尽的义务。上海某信息技术有限公司自李某入职以来一直未为其缴纳社会保险。经李某多次要求，仍未为其缴纳。根据《劳动合同法》第三十八条、第四十六条的规定，裁决公司支付经济补偿金。

（六）劳务派遣

【法条链接】——《劳动合同法》

第五十七条　经营劳务派遣业务应当具备下列条件：

（一）注册资本不得少于人民币二百万元；

（二）有与开展业务相适应的固定的经营场所和设施；

（三）有符合法律、行政法规规定的劳务派遣管理制度；

（四）法律、行政法规规定的其他条件。

经营劳务派遣业务，应当向劳动行政部门依法申请行政许可；经许可的，依法办理相应的公司登记。未经许可，任何单位和个人不得经营劳务派遣业务。

第五十八条　劳务派遣单位是本法所称用人单位，应当履行用人单位对劳动者的义务。劳务派遣单位与被派遣劳动者订立的劳动合同，除应当载明本法第十七条规定的事项外，还应当载明被派遣劳动者的用工单位以及派遣期限、工作岗位等情况。

劳务派遣单位应当与被派遣劳动者订立二年以上的固定期限劳动合同，按月支付劳动报酬；被派遣劳动者在无工作期间，劳务派遣单位应当按照所在地人民政府规定的最低工资标准，向其按月支付报酬。

第五十九条　劳务派遣单位派遣劳动者应当与接受以劳务派遣形式用工的单位（以下称用工单位）订立劳务派遣协议。劳务派遣协议应当约定派遣岗位和人员数量、派遣期限、劳动报酬和社会保险费的数额与支付方式以及违反协议的责任。

用工单位应当根据工作岗位的实际需要与劳务派遣单位确定派遣期限，不得将连续用工期限分割订立数个短期劳务派遣协议。

第六十条　劳务派遣单位应当将劳务派遣协议的内容告知被派遣劳动者。

劳务派遣单位不得克扣用工单位按照劳务派遣协议支付给被派遣劳动者的劳动报酬。

劳务派遣单位和用工单位不得向被派遣劳动者收取费用。

第六十一条　劳务派遣单位跨地区派遣劳动者的，被派遣劳动者享有的劳动报酬和劳动条件，按照用工单位所在地的标准执行。

第六十二条　用工单位应当履行下列义务：

（一）执行国家劳动标准，提供相应的劳动条件和劳动保护；

（二）告知被派遣劳动者的工作要求和劳动报酬；

（三）支付加班费、绩效奖金，提供与工作岗位相关的福利待遇；

（四）对在岗被派遣劳动者进行工作岗位所必需的培训；

（五）连续用工的，实行正常的工资调整机制。

用工单位不得将被派遣劳动者再派遣到其他用人单位。

第六十三条　被派遣劳动者享有与用工单位的劳动者同工同酬的权利。用工单位应当按照同工同酬原则，对被派遣劳动者与本单位同类岗位的劳动者实行相同的劳动报酬分配办法。用工单位无同类岗位劳动者的，参照用工单位所在地相同或者相近岗位劳动者的劳动报酬确定。

劳务派遣单位与被派遣劳动者订立的劳动合同和与用工单位订立的劳务派遣协议，载明或者约定的向被派遣劳动者支付的劳动报酬应当符合前款规定。

第六十四条　被派遣劳动者有权在劳务派遣单位或者用工单位依法参加或者组织工会，维护自身的合法权益。

第六十五条　被派遣劳动者可以依照本法第三十六条、第三十八条的规定与劳务派遣单位解除劳动合同。

被派遣劳动者有本法第三十九条和第四十条第一项、第二项规定情形的，用工单位可以将劳动者退回劳务派遣单位，劳务派遣单位依照本法有关规定，可以与劳动者解除劳动合同。

第六十六条　劳动合同用工是我国的企业基本用工形式。劳务派遣用工是补充形式，只能在临时性、辅助性或者替代性的工作岗位上实施。

前款规定的临时性工作岗位是指存续时间不超过六个月的岗位；辅助性工作岗位是指为主营业务岗位提供服务的非主营业务岗位；替代性工作岗位是指用工单位的劳动者因脱产学习、休假等原因无法工作的一定期间内，可以由其他劳动者替代工作的岗位。

用工单位应当严格控制劳务派遣用工数量，不得超过其用工总量的一定比例，具体比例由国务院劳动行政部门规定。

第六十七条　用人单位不得设立劳务派遣单位向本单位或者所属单位派遣劳

动者。

【案例】

林某为甲公司（某人力资源服务公司）的劳务派遣人员，2013年1月1日被派至乙公司（某商业公司）从事保安工作。甲公司为林某买了工伤保险。同年8月22日，林某在乙公司工作时遭受事故伤害，于9月2日被认定为工伤。12月1日，甲公司与乙公司签订了"协议书"，约定将甲公司派遣至乙公司的所有派遣员工转为正式员工，并解除"劳务派遣服务协议"；已发生工伤的劳务派遣员工社会保险赔付外的所有费用由乙公司承担。同日，甲、乙两公司以及林某签订"三方协议书"，约定从2013年12月1日起，林某的劳动关系由乙公司接收，并承担林某的工伤后续事宜。

但事件并没有因此了结，2015年，已签过协议的甲公司与乙公司在赔偿问题上发生分歧。

甲公司认为已经与乙公司解除"劳务派遣协议"，而且三方协议约定林某的劳动关系由乙公司接收，其工伤责任由乙公司承担。乙公司则认为林某在工伤期内，甲公司不能与林某解除劳动合同，故三方协议无效，林某的工伤责任应由甲公司承担。

于是，林某提起仲裁申请，要求解除与乙公司的劳动关系，并由甲、乙两公司承担相应的工伤责任。仲裁委员会最终裁决，由乙公司承担林某的后续工伤待遇。

（七）集体合同

【法条链接】——《劳动合同法》

第五十一条 企业职工一方与用人单位通过平等协商，可以就劳动报酬、工作时间、休息休假、劳动安全卫生、保险福利等事项订立集体合同。集体合同草案应当提交职工代表大会或者全体职工讨论通过。

集体合同由工会代表企业职工一方与用人单位订立；尚未建立工会的用人单位，由上级工会指导劳动者推举的代表与用人单位订立。

第五十二条 企业职工一方与用人单位可以订立劳动安全卫生、女职工权益保护、工资调整机制等专项集体合同。

第五十三条 在县级以下区域内，建筑业、采矿业、餐饮服务业等行业可以由工会与企业方面代表订立行业性集体合同，或者订立区域性集体合同。

第五十四条 集体合同订立后，应当报送劳动行政部门；劳动行政部门自收到集体合同文本之日起十五日内未提出异议的，集体合同即行生效。

依法订立的集体合同对用人单位和劳动者具有约束力。行业性、区域性集体合同对当地本行业、本区域的用人单位和劳动者具有约束力。

第五十五条 集体合同中劳动报酬和劳动条件等标准不得低于当地人民政府规定的最低标准；用人单位与劳动者订立的劳动合同中劳动报酬和劳动条件等标准不得低于集体合同规定的标准。

第五十六条 用人单位违反集体合同，侵犯职工劳动权益的，工会可以依法要求用人单位承担责任；因履行集体合同发生争议，经协商解决不成的，工会可以依法申请仲裁、提起诉讼。

（八）非全日制用工

【法条链接】——《劳动合同法》

第六十八条 非全日制用工，是指以小时计酬为主，劳动者在同一用人单位一般平均每日工作时间不超过四小时，每周工作时间累计不超过二十四小时的用工形式。

第六十九条 非全日制用工双方当事人可以订立口头协议。

从事非全日制用工的劳动者可以与一个或者一个以上用人单位订立劳动合同；但是，后订立的劳动合同不得影响先订立的劳动合同的履行。

第七十条 非全日制用工双方当事人不得约定试用期。

第七十一条 非全日制用工双方当事人任何一方都可以随时通知对方终止用工。终止用工，用人单位不向劳动者支付经济补偿。

第七十二条 非全日制用工小时计酬标准不得低于用人单位所在地人民政府规定的最低小时工资标准。

非全日制用工劳动报酬结算支付周期最长不得超过十五日。

（九）劳动仲裁的范围及程序

【法条链接】——《劳动法》

第七十七条 用人单位与劳动者发生劳动争议，当事人可以依法申请调解、仲裁、提起诉讼，也可以协商解决。

调解原则适用于仲裁和诉讼程序。

第八章　劳动合同法律制度

第七十八条　解决劳动争议，应当根据合法、公正、及时处理的原则，依法维护劳动争议当事人的合法权益。

第七十九条　劳动争议发生后，当事人可以向本单位劳动争议调解委员会申请调解；调解不成，当事人一方要求仲裁的，可以向劳动争议仲裁委员会申请仲裁。当事人一方也可以直接向劳动争议仲裁委员会申请仲裁。对仲裁裁决不服的，可以向人民法院提出诉讼。

第八十一条　劳动争议仲裁委员会由劳动行政部门代表、同级工会代表、用人单位代表方面的代表组成。劳动争议仲裁委员会主任由劳动行政部门代表担任。

第八十二条　提出仲裁要求的一方应当自劳动争议发生之日起六十日内向劳动争议仲裁委员会提出书面申请。仲裁裁决一般应在收到仲裁申请的六十日内作出。对仲裁裁决无异议的，当事人必须履行。

第八十三条　劳动争议当事人对仲裁裁决不服的，可以自收到仲裁裁决书之日起十五日内向人民法院提起诉讼。一方当事人在法定期限内不起诉又不履行仲裁裁决的，另一方当事人可以申请强制执行。

第八十四条　因签订集体合同发生争议，当事人协商解决不成的，当地人民政府劳动行政部门可以组织有关各方协调处理。

因履行集体合同发生争议，当事人协商解决不成的，可以向劳动争议仲裁委员会申请仲裁；对仲裁裁决不服的，可以自收到仲裁裁决书之日起十五日内向人民法院提起诉讼。

五、习题：不定项选择

1. 孙某与甲公司签订了为期3年的劳动合同，月工资1200元（当地最低月工资标准为800元）。期满终止合同时，甲公司未向孙某提出以不低于原工资标准续订劳动合同意向。甲公司应向孙某支付的经济补偿金额为（　　）元。（2011年初级会计职称考试"经济法基础"）

　　A．800　　　　B．1200　　　　C．2400　　　　D．3600

【答案】D

【解析】①除用人单位维持或者提高劳动合同约定条件续订劳动合同，劳动者不同意续订的情形外，劳动合同期满终止固定期限劳动合同的，应当支付经济补偿金；②经济补偿金＝劳动合同解除或终止前劳动者在本单位的工作年限×每工作一年应得的经济补偿;③本题中,劳动合同期满时,甲公司未向孙某提出以不低于原工资标准续订劳动合同意向,应当支付经济补偿金,甲公司应支付的经济补偿金=3×1200=3600(元)。(在因固定期限劳动合同终止应支付经济补偿金的情形下,工作年限自用工之日起计算,最早计算至 2008 年 1 月 1 日,但本题没有交代劳动合同存续时间,按照发生在 2008 年 1 月 1 日之后的情况处理即可。)

2. 2011 年 3 月 1 日,甲公司与韩某签订劳动合同,约定合同期限 1 年,试用期 1 个月,每月 15 日发放工资。韩某 3 月 10 日上岗工作。甲公司与韩某建立劳动关系的起始时间是(　　)。(2011 年初级会计职称考试"经济法基础")

  A. 2011 年 3 月 1 日　　　　　B. 2011 年 3 月 10 日
  C. 2011 年 3 月 15 日　　　　D. 2011 年 4 月 10 日

【答案】B

【解析】用人单位与劳动者在用工前订立劳动合同的,劳动关系自用工之日起建立;在本题中,劳动合同签订于 2011 年 3 月 1 日,但韩某 3 月 10 日才上岗,劳动关系自 2011 年 3 月 10 日起建立。

3. 关于非全日制用工的说法,下列哪一选项不符合《劳动合同法》规定?(　　)

  A. 从事非全日制用工的劳动者与多个用人单位订立劳动合同的,后订立的合同不得影响先订立合同的履行

  B. 非全日制用工合同不得约定试用期

  C. 非全日制用工终止时,用人单位应当向劳动者支付经济补偿

  D. 非全日制用工劳动报酬结算支付周期最长不得超过十五日

【答案】C

【解析】《劳动合同法》第六十九条第二款规定:"从事非全日制用工的劳动者可以与一个或者一个以上用人单位订立劳动合同;但是,后订立的劳动合同不得影响先订立的劳动合同的履行。"故 A 选项说法正确,不当选。

《劳动合同法》第七十条规定:"非全日制用工双方当事人不得约定试用期。"故 B 选项说法正确,不当选。

第八章　劳动合同法律制度

《劳动合同法》第七十一条规定："非全日制用工双方当事人任何一方都可以随时通知对方终止用工。终止用工，用人单位不向劳动者支付经济补偿。"故 C 选项中"用人单位应当向劳动者支付经济补偿"的说法错误，当选。

《劳动合同法》第七十二条第二款规定，非全日制用工劳动报酬结算支付周期最长不得超过 15 日。故 D 选项说法正确，不当选。

4. 周某于 2011 年 4 月 11 日进入甲公司就职，经周某要求，公司于 2012 年 4 月 11 日才与其签订劳动合同。已知周某每月工资 2000 元，已按时足额领取。甲公司应向周某支付工资补偿的金额是（　　）元。（2012 年初级会计职称考试"经济法基础"）

　　A. 0　　　　　B. 2000　　　　C. 22000　　　　D. 24000

【答案】C

【解析】用人单位自用工之日起满 1 年未与劳动者订立书面劳动合同的，自用工之日起满一个月的次日至满一年的前一日（共 11 个月）应当向劳动者每月支付 2 倍的工资，并视为自用工之日起满 1 年的当日已经与劳动者订立无固定期限劳动合同，应当立即与劳动者补订书面劳动合同。

5. 郑某于 2012 年 6 月 15 日与甲公司签订劳动合同，约定试用期 1 个月。7 月 2 日郑某上班。郑某与甲公司建立劳动关系的时间是（　　）。（2012 年初级会计职称考试"经济法基础"）

　　A. 2012 年 6 月 15 日　　　　B. 2012 年 7 月 2 日
　　C. 2012 年 7 月 15 日　　　　D. 2012 年 8 月 2 日

【答案】B

【解析】用人单位自"用工之日"起即与劳动者建立劳动关系。

6. 张某 2010 年 8 月进入甲公司工作，公司按月支付工资。至年底公司尚未与张某签订劳动合同。关于公司与张某之间劳动关系的下列表述中，正确的有（　　）。（2011 年初级会计职称考试"经济法基础"）

　　A. 公司与张某之间可视为不存在劳动关系
　　B. 公司与张某之间可视为已订立无固定期限劳动合同
　　C. 公司应与张某补订书面劳动合同，并支付工资补偿
　　D. 张某可与公司终止劳动关系，公司应支付经济补偿

【答案】CD

【解析】

(1) 选项 A：劳动关系自用工之日起建立，与何时签订劳动合同无关，在本题中，张某已于 2010 年 8 月进入甲公司工作，劳动关系已经建立。

(2) 选项 B：用人单位自用工之日起满一年未与劳动者订立书面劳动合同的，视为自用工之日起满一年的当日已经与劳动者订立无固定期限劳动合同，在本题中，张某于 2010 年 8 月份进入甲公司工作，至年底尚不足 1 年。

(3) 选项 CD：用人单位自用工之日起超过 1 个月不满 1 年未与劳动者订立书面劳动合同的，应当向劳动者每月支付"2 倍的工资"，并与劳动者补订书面劳动合同，劳动者不与用人单位订立书面劳动合同的，用人单位应当书面通知劳动者终止劳动关系，并"支付经济补偿"。

7. 下列各项中，属于劳动合同订立原则的有（　　）。（2011 年初级会计职称考试"经济法基础"）

  A. 公平原则　　　　　　B. 平等自愿原则

  C. 协商一致原则　　　　D. 诚实信用原则

【答案】ABCD

【解析】劳动合同订立的原则，包括合法原则、公平原则、平等自愿原则、协商一致原则、诚实信用原则。

8. 根据劳动合同法律制度的规定，下列各项中，除劳动者提出订立固定期限劳动合同外，用人单位与劳动者应当订立无固定期限劳动合同的情形有（　　）。（2011 年初级会计职称考试"经济法基础"）

  A. 劳动者在该用人单位连续工作满 10 年的

  B. 连续订立 2 次固定期限劳动合同，继续续订的

  C. 国有企业改制重新订立劳动合同，劳动者在该用人单位连续工作满 5 年且距法定退休年龄不足 15 年的

  D. 用人单位初次实行劳动合同制度，劳动者在该用人单位连续工作满 10 年且距法定退休年龄不足 10 年

【答案】AD

【解析】

（1）选项 B：连续订立 2 次固定期限劳动合同，"且劳动者不具有法定情形"（如严重违反用人单位的规章制度、被依法追究刑事责任等），续订劳动合同的，应当订立无固定期限劳动合同。

（2）选项 C：在本单位连续工作满 15 年，而且距法定退休年龄不足 5 年的，用人单位既不得解除劳动合同，也不得终止劳动合同，劳动合同应当续延至相应的情形消失时终止。

9. 根据劳动合同法律制度的规定，下列劳动争议中，劳动者可以向劳动仲裁部门申请劳动仲裁的有（　　）。（2011 年初级会计职称考试"经济法基础"）

  A．确认劳动关系争议　　　B．工伤医疗费争议

  C．劳动保护条件争议　　　D．社会保险争议

【答案】ABCD

【解析】劳动争议的范围主要指中华人民共和国境内的用人单位与劳动者发生的下列劳动争议：①因确认劳动关系发生的争议；②因订立、履行、变更、解除和终止劳动合同发生的争议；③因除名、辞退和辞职、离职发生的争议；④因工作时间、休息休假、社会保险、福利、培训以及劳动保护发生的争议；⑤因劳动报酬、工伤医疗费、经济补偿或者赔偿金等发生的争议；⑥法律、法规规定的其他劳动争议。

10. 根据劳动合同法律制度的规定，下列情形中，职工不能享受当年年休假的有（　　）。（2012 年初级会计职称考试"经济法基础"）

  A．依法享受寒暑假，其休假天数多于年休假天数的

  B．请事假累计 20 天以上，而且单位按照规定不扣工资的

  C．累计工作满 1 年不满 10 年，请病假累计 2 个月以上的

  D．累计工作满 20 年以上，请病假累计满 3 个月的

【答案】ABC

【解析】选项 D：累计工作满 20 年以上的职工，请病假累计 4 个月以上的，不得享受当年的带薪年休假。

六、热点案例介绍

【案例一】

上诉人嘉科（无锡）密封技术有限公司（以下简称"嘉科公司"）与被上诉人徐婷婷劳动合同纠纷一案，不服无锡市惠山区人民法院（一审法院）（2015）惠民初字第1807号民事判决，向无锡市中级人民法院（二审法院）提起上诉。二审法院于2015年12月1日受理后，依法组成合议庭审理了此案。此案现已审理终结。

徐婷婷一审诉称，其原系嘉科公司员工，因嘉科公司违法解除双方劳动关系，故请求法院判决嘉科公司支付违法解除劳动关系的经济赔偿金21000元。

嘉科公司一审辩称，徐婷婷在试用期内不符合嘉科公司录用条件，公司遂于2015年2月17日合法解除与徐婷婷之间的劳动合同，依法不需要支付经济赔偿金。

一审法院经审理查明：2014年11月21日，徐婷婷进入嘉科公司工作，双方签订劳动合同，期限为2014年11月24日至2017年12月31日。试用期3个月，自2014年11月24日至2015年2月23日。工作岗位为采购，试用期月工资为6700元，试用期后月工资为7000元。2015年2月16日，双方就徐婷婷是否携带涉密文件离开公司发生纠纷，并报警处理。2月17日，嘉科公司以徐婷婷不符合录用条件为由解除与徐婷婷的劳动合同。后徐婷婷向无锡市惠山区劳动人事争议仲裁委员会（以下简称"惠山仲裁委"）申请仲裁，认为嘉科公司违法解除劳动合同，要求支付经济赔偿金。惠山仲裁委裁决不予支持，徐婷婷不服仲裁裁决，遂诉至法院。

一审审理中，嘉科公司认为不符合录用条件是指徐婷婷存在隐瞒工作经历，以欺骗手段进入公司；违反保密协议复印、撕毁订单；工作能力无法胜任岗位要求等情况。一审法院要求嘉科公司提供徐婷婷所在岗位的录用条件及不符合何种录用条件的相关证据，嘉科公司表示除了劳动合同、保密协议、员工手册无其他证据。

上述事实，由仲裁裁决书、劳动合同、保密协议、员工手册及确认单、出警记录、录音材料、解除劳动合同通知、退工单及当事人的陈述等证据在卷佐证。

一审法院认为：此案中嘉科公司以不符合录用条件为由在试用期内解除与徐婷婷的劳动合同，但嘉科公司未在解除劳动关系通知中明确徐婷婷具体不符合何种录用条件，亦未在庭审中提供录用条件证据佐证徐婷婷因不符合何种录用条件而被解除劳动合同。嘉科公司主张徐婷婷存在隐瞒工作经历、违反保密协议、不能胜任工作等情形。但嘉科公司在劳动合同、保密协议、员工手册中并未明确约定存在上述情形即属不符合录用条件。因此，嘉科公司在庭审中提出的抗辩及提供的证据并不能充分证明徐婷婷因不符合何种录用条件而被解除劳动合同，故嘉科公司以不符合录用条件为由解除徐婷婷劳动合同缺乏事实依据，嘉科公司依法应支付给徐婷婷关于违法解除劳动合同的经济赔偿金。根据徐婷婷的工作年限及工资标准，经济赔偿金数额应为 7000 元×0.5 月×2＝7000 元。综上所述，依照《劳动合同法》第四十八条的规定，一审法院判决：①嘉科公司应于判决发生法律效力之日起立即支付给徐婷婷关于违法解除劳动关系的经济赔偿金7000 元；②驳回徐婷婷的其他诉讼请求。案件受理费减半收取 5 元，由嘉科公司负担。如果上述赔偿义务人未按判决指定的期间履行给付金钱义务，应当依照《民事诉讼法》第二百五十三条的规定，加倍支付迟延履行期间的债务利息。

嘉科公司不服一审判决，向二审法院提起上诉称：①徐婷婷在应聘时隐瞒工作经历，以欺骗手段进入公司，仲裁裁决书也确认了上述事实，故徐婷婷不符合公司的录用条件；②徐婷婷在试用期间违反嘉科公司《员工手册》及双方签订的《劳动合同》《保密协议》的约定，将公司订单文件私自带出公司，而且撕毁大量订单原件。嘉科公司有权解除与徐婷婷的劳动合同。并且，其认为一审法院认定嘉科公司违法解除劳动合同，这属于认定事实不清，适用法律错误。故请求二审法院撤销原判，依法改判。

徐婷婷二审辩称：①嘉科公司在其病假期间解除劳动合同，违反《劳动合同法》的相关规定；②嘉科公司在 2015 年 2 月 17 日即已解除与其的劳动合同，但工资支付至 2015 年 2 月 25 日，表明嘉科公司认可双方之间的劳动关系继续存续；③嘉科公司解除与其的劳动合同，未提前 30 天通知职工，也未通知工会；④嘉科公司无权利对职工进行搜身，嘉科公司的行为构成侵权。因此，认为嘉科公司解除劳动合同，无事实和理由，应支付经济赔偿金。一审法院认定事实清楚，适用法律正确。请求驳回上诉，维持原判。

二审法院对一审法院查明的事实予以确认。

二审法院另查明：嘉科公司陈述公司有工会，在解除与徐婷婷的劳动合同时，工会主席一直参与其中，其也表示同意解除与徐婷婷的劳动合同。

二审法院认为：《劳动合同法》第四十三条规定，用人单位单方解除劳动合同，应当事先将理由通知工会。即用人单位单方解除劳动合同，既要实体条件合法，也要程序合法。《劳动争议解释（四）》第十二条规定："建立了工会组织的用人单位解除劳动合同符合劳动合同法第三十九条、第四十条规定，但未按照劳动合同法第四十三条规定事先通知工会，劳动者以用人单位违法解除劳动合同为由请求用人单位支付赔偿金的，人民法院应予支持，但起诉前用人单位已经补正有关程序的除外。"嘉科公司虽称其解除与徐婷婷的劳动合同时，工会主席一直参与其中，也表示同意解除与徐婷婷的劳动合同。但未提供证据证明。故二审法院认定嘉科公司未在解除劳动合同前将解除理由通知工会，也未在起诉前补正该程序，嘉科公司解除劳动合同违反法定程序，应向徐婷婷支付经济赔偿金。一审法院所做判决并无不当，应予维持。据此，依据《民事诉讼法》第一百七十条第一款第（一）项的规定，判决如下：

驳回上诉，维持原判。

二审案件受理费 10 元，由嘉科公司承担。

本判决为终审判决。

【案例二】

原告中国南方航空股份有限公司新疆分公司（以下简称"南航新疆分公司"）与被告吴童劳动争议一案，乌鲁木齐市新市区人民法院（一审法院）于 2015 年 8 月 25 日受理后，依法组成合议庭，于 2015 年 9 月 17 日公开开庭进行了审理，原告南航新疆分公司的委托代理人胡梦婷与被告吴童到庭参加了诉讼。此案现已审理终结。

原告南航新疆分公司诉称：①原告与被告于 2006 年 9 月 30 日签订《劳动合同书》，该劳动合同明确约定，劳动合同从 2006 年 9 月 30 日起至被告达到法定退休年龄之日及出现本合同约定或法定的终止条件为止。现被告未达到法定退休年龄，也未出现法定或约定的合同终止事由，被告要求解除劳动合同的行为是单方解除劳动合同的违约行为，有失诚信，属于合同违约行为。而且 2015 年 3 月 25 日被告来信要求解除劳动合同，原告已于同月书面答复不予同意。根据民航新疆管理局（2012）新管局发 3 号文件《新疆民航管理局飞行人员流动比例管理办法》作为有效的政策性文件，其有关飞行人员流动比例 0.5% 以内的规定，应当在解决双方争议中被遵照执行，并且双方在劳动合同中明确将规章制度作为合同履行依据。原告认为，该规定实际上是双方通过合意的方式对劳动合同的解除进行了限制。仲裁庭审阶段，被告明确表示认可《新疆民航管理局飞行人员流动比例管理办法》中有关飞行人员流动比例 0.5% 的规定。②关于办理劳动人事档案、社会保险关系手续的转移，将航空人员健康记录本、体检合格证、飞行技术履历档案等移交到民航管理局暂存保管的请求，基于原告不同意被告单方解除劳动合同的立场，双方的劳动合同应当继续履行，在合同履行期间自然无须办理相关档案及手续的转移。综上所述，为维护原告合法权益，特向一审法院提起诉讼。原告的诉讼请求为，①判决不予解除原告与被告之间的劳动关系；②判决不予办理被告的飞行技术档案等相关资料的转移。

被告吴童辩称，劳动者提前 30 日告知被告单位辞职，是符合劳动法规定的，其于 2015 年 3 月 25 日提交了辞职信，2015 年 4 月 25 日原告应当与被告解除劳动合同。

经一审法院审理查明，被告吴童从中国民航学院毕业后，于 2006 年 9 月 30 日与南航新疆分公司签订了无固定期限的劳动合同，从事飞行工作。劳动合同从 2006 年 9 月 30 日起至被告达到法定退休年龄之日及出现本合同约定或法定的终止条件为止。

吴童于 2015 年 3 月 25 日以与对象长期分居两地、父母身体不是很好为由，向南航新疆分公司递交了辞职报告，同年 3 月 30 日南航新疆分公司书面答复不同意与吴童解除劳动关系。因此，吴童向新疆维吾尔自治区劳动人事争议仲裁委员会（以下简称"新疆仲裁委"）申请仲裁，要求解除劳动关系。新疆仲裁委于 2015 年 7 月 31 做出新劳人仲字（2015）228 号仲裁裁决，裁决：①被申请人（原告）与申请人（被告）之间的劳动关系于 2015 年 4 月 25 日予以解除，被申请人给申请人出具解除劳动关系证明书，办理劳动人事档案、社会保险关系的转移手续；②被申请人（原告）将申请人（被告）的航空人员健康记录本、体检合格证、飞行技术履历档案、飞行记录本、飞行员执照关系、空勤人员登记证等按照国家民航管理局相关规定，移交到当地民航管理局暂存保管。因南航新疆分公司对该仲裁裁决不服，遂诉至一审法院。

以上事实有《劳动合同书》、辞职信、南航股新人函（2015）77 号关于吴童同志申请解除劳动关系的复函，以及庭审笔录等证据存卷为证。

一审法院认为：吴童与南航新疆分公司签订的劳动合同合法有效，双方应按照劳动合同履行各自的权利、义务。因《劳动合同法》第三十七条赋予了劳动者单方解除劳动合同的权利，此案中，吴童履行了提前 30 日以书面形式通知用人单位解除劳动合同的告知义务，其针对此项权利的行使符合法律规定，故吴童与南航新疆分公司的劳动合同应于 2015 年 4 月 25 日解除。根据有关规定，在吴童解除劳动合同后，南航新疆分公司应当将吴童的飞行技术履历档案、体检合格证、飞行员执照关系等交由单位所在地的地区管理局暂存保管，以便吴童重新就业时办理相应手续；双方解除劳动关系后，南航新疆分公司还应当为吴童办理劳动人事档案、社会保险关系的转移手续。原告以吴童未达到法定退休年龄且本案未出现本合同约定或法定的终止条件为由，不同意与吴童解除劳动关系的理由，不能成立，一审法院不予支持。综上所述，依据《劳动合同法》第三十七条、第五十条的规定，判决如下：

（1）中国南方航空股份有限公司新疆分公司与吴童的劳动合同于 2015 年 4 月 25 日解除，由中国南方航空股份有限公司新疆分公司为吴童出具解除劳动合同证明书。

（2）中国南方航空股份有限公司新疆分公司为吴童办理劳动人事档案、社会保险关系的转移手续；并将吴童的航空人员健康记录本、体检合格证、飞行技术履历档案、飞行记录本、飞行员执照关系、空勤人员登记证等按照国家民航局相关规定，移交到当地民航管理局暂存保管。

（3）驳回中国南方航空股份有限公司新疆分公司的诉讼请求。案件受理费 10 元（原告已预交），由原告承担。

上述履行义务，南航新疆分公司应于本判决生效后 15 日内履行，逾期未履行的，依照《民事诉讼法》第二百五十三条的规定，加倍支付迟延履行期间的债务利息。

如不服本判决，可在判决书送达之日起 15 日内，向一审法院递交上诉状，并按对方当事人的人数提出副本，上诉于新疆维吾尔自治区乌鲁木齐市中级人民法院。

七、实务操作

提供有关劳动争议仲裁的法律帮助。

【背景材料】

××市仲裁院接到一起因毕业生签订"三方协议"之后又违约引发争议的特殊案件。王某为某大学毕业生，2016 年毕业前与某公司签订了"三方协议"，并要求该公司返还 5000 元档案转移手续费。王某在报到期限违约没有到公司上班并要求该公司返还 5000 元手续费。公司称：5000 元手续费在协议中已有约定，王某只有在公司服务满 2 年之后才能返还，王某违反了诚实信用原则，公司不应退还王某 5000 元手续费。

【要求】

请对下列问题给予大学毕业生王某法律帮助：

（1）高等院校毕业生"三方协议"是否可以代替劳动合同的作用？

（2）该案是否属于劳动争议仲裁委员会的受理范围？

（3）试分析该公司是否应返还王某档案转移手续费 5000 元？

主要参考文献

[1] 彭万林. 民法学 [M]. 7版. 北京：中国政法大学出版社，2011.

[2] 杨紫烜. 经济法学 [M]. 5版. 北京：北京大学出版社，2015.

[3] 史际春. 企业和公司法 [M]. 4版. 北京：中国人民大学出版社，2014.

[4] 崔建远. 合同法 [M]. 3版. 北京：北京大学出版社，2016.

[5] 郭明瑞，房绍坤，张平华. 担保法 [M]. 5版. 北京：中国人民大学出版社，2017.

[6] 王晓晔. 反垄断法 [M]. 北京：法律出版社，2011.

[7] 孔祥俊. 反不正当竞争法的创新性适用 [M]. 北京：中国法制出版社，2014.

[8] 叶林. 证券法 [M]. 4版. 北京：中国人民大学出版社，2013.

[9] 林嘉. 劳动法和社会保障法 [M]. 4版. 北京：中国人民大学出版社，2016.

[10] 喻术红，张荣芳. 劳动合同法学 [M]. 武汉：武汉大学出版社，2015.

[11] 会计专业技术资格考试编写组. 经济法历年真题及考前预测试卷 [M]. 北京：中国铁道出版社，2017.

[12] 全国会计专业技术考试研究中心. 经济法基础 [M]. 北京：人民邮电出版社，2017.